ÜLIMAALNE HABANERO KOKARAAMAT

Vürtsitage oma kulinaarseid seiklusi 100 tulise retseptiga

Ivan Koppel

Autoriõigus materjal ©2024

Kõik õigused kaitstud

Ühtegi selle raamatu osa ei tohi mingil kujul ega vahenditega kasutada ega edastada ilma kirjastaja ja autoriõiguse omaniku nõuetekohase kirjaliku nõusolekuta, välja arvatud ülevaates kasutatud lühikesed tsitaadid. Seda raamatut ei tohiks pidada meditsiiniliste, juriidiliste või muude professionaalsete nõuannete asendajaks.

SISUKORD

- SISUKORD 3
- SISSEJUHATUS 6
- HABANERO KASTMED 8
  - 1. Habanero Bahama kuum kaste 9
  - 2. Papaia-Habanero kuum kaste kirega 11
  - 3. El Yucateco stiilis punane Habanero kuum kaste 13
  - 4. El Yucateco stiilis roheline Habanero kuum kaste 15
  - 5. Belize'i stiilis kuum Habanero kaste 17
  - 6. Habanero, Tomatillo ja apelsini salsa 19
  - 7. Sulanud Lava kuum kaste 21
  - 8. Yucatani Habanero kaste 23
  - 9. Mango Habanero kaste 25
  - 10. Virsiku ja ploomi Habanero salsa 27
  - 11. Küüslaugu Habanero kaste 29
  - 12. Suitsune Habanero kaste 31
  - 13. Kariibi mere stiilis Habanero kaste 33
  - 14. Magus Habanero grillkaste 35
  - 15. Vein-Habanero kaste 37
  - 16. Rumm Habanero kaste 39
  - 17. Mehhiko Habanero kuum kaste 41
  - 18. El Yucateco stiilis Black Label Reserve kuum kaste 43
  - 19. Barbadose kuum kaste 45
  - 20. Kreooli kuum piprakaste 47
  - 21. Puuviljane kuum kaste 49
  - 22. Vulkaaniline kuum kaste 51
  - 23. Ají Picante 53
- HABANERO HÕÕRUDA 55
  - 24. Macnamee's BBQ Rub 56
  - 25. Mocandra maitseaine 58
  - 26. Nagasaki praadimaitseaine 60
  - 27. Brundage maitseaine 62
  - 28. Klassikaline Habanero hõõrumine 64
  - 29. Magus ja vürtsikas Habanero hõõrumine 66
  - 30. Tsitrusviljade Habanero Rub 68
  - 31. Suitsune Habanero Rub 70
  - 32. Mesi Habanero hõõruda 72
  - 33. Ananass-Habanero hõõruda 74
  - 34. Mango-Habanero hõõruda 76
  - 35. Kohv-Habanero Rub 78
- HOMMIKUSÖÖK 80

36. Habanero hommikusöök Burritos 81
37. Habanero avokaado röstsai 83
38. Habanero hommikusöögiräsi 85
39. Habanero hommikusöök Quesadillas 87
40. Vürtsikad Habanero hommikusöögivorstikotletid 89
41. Habanero hommikusöögipann 91
42. Habanero Mango Deviled Munad 93
43. Frittata mustade ubadega 95

SUUPÄID JA SUUPÖÖD 97
44. Kohevad Akara pallid 98
45. Kariibi mere ananassi fritters 100
46. Kariibi vürtsikas Ceviche 102
47. Auster ja Habanero Ceviche 105
48. Jalapeno Churros Habanero mango kastmega 107
49. Lillkapsas ja Jalapeño En Escabeche 110
50. Aguachile Rojo 112
51. Puerto kala ja krevetid Ceviche Tostadas 114
52. Habanero Mango salsa 117
53. Habanero peekonisse mähitud Jalapeño popperid 119
54. Habanero juustuga täidetud seened 121
55. Habanero meega glasuuritud kanatiivad 123

PÕHIROOG 125
56. Habanero glasuuritud kana 126
57. Vürtsikad Habanero krevetitacod 128
58. Habanero veiseliha segades 130
59. Habanero lasanje 132
60. Cilantrito (Cilantro Burrito) 134
61. Grillitud köögiviljad Pipián Dipiga 136
62. Habanero grillribid 139
63. Habanero Mac ja juust 141
64. Habanero sealiha praadimine 143
65. Habanero Veggie Fajitas 145

MAGUSTOIT 147
66. Vürtsikad Mango Habanero jäätisevõileivad 148
67. Habanero ja Colby Jack Flan 150
68. Habanero laimi koogid kookoskreemi ja ananassiga 152
69. Habanero šokolaaditrühvlid 154
70. Habanero ananassisorbett 156
71. Habanero šokolaadiküpsised 158
72. Habanero tagurpidi ananassi kook 160
73. Habanero šokolaadivaht 162
74. Habanero mango jäätis 164
75. Habanero laimipirukabatoonid 166

MAITSED **168**

- 76. Habanero mesi 169
- 77. Habanero Seamoss Salsa 171
- 78. Ananassi-Habanero marmelaad 173
- 79. Ingveri Habanero greibi marmelaad 175
- 80. Mango Habanero marmelaad 177
- 81. Vaarika Habanero piparmündimarmelaad 179
- 82. Salsa De Piña Tatemada 181
- 83. Ingveri-Habanero porgandikurk 183
- 84. Habanero mango salsa 185
- 85. Habanero Aioli 187
- 86. Habanero moos 189
- 87. Habanero küüslauguvõi 191
- 88. Habanero ananassi chutney 193
- 89. Habanero Cilantro laimi kaste 195
- 90. Habanero Mango Chutney 197

JOOGID **199**

- 91. Habanero Rum Toddies 200
- 92. Toblerone kuum šokolaad 202
- 93. Habanero Mango Margarita 204
- 94. Vürtsikas ananass Habanero Mojito 206
- 95. Habanero arbuusijahuti 208
- 96. Habanero limonaad 210
- 97. Habanero Mango Mojito 212
- 98. Vürtsikas Habanero Michelada 214
- 99. Küüslaugu-Habanero viin 216
- 100. Vürtsikas ananassi ja rukola mocktail 218

KOKKUVÕTE **220**

SISSEJUHATUS

Tere tulemast "ÜLIMAALNE HABANERO KOKARAAMAT", mis on teie juhend, kuidas oma kulinaarsesse loomingusse lisada maailma ühe vürtsikama paprika tuliseid maitseid. Habaneros, mis on tuntud oma intensiivse kuumuse ja puuviljase alatooni poolest, on levinud köökides üle kogu maailma, lisades sügavust ja põnevust roogadele, mis ulatuvad mahedatest kuni metsikuteni. Selles põhjalikus käsiraamatus uurime habanerode mitmekülgsust ja vabastame nende täieliku potentsiaali 100 särtsakas retseptis, mis sütitavad teie maitsemeeli ja tõstavad teie toiduvalmistamise uutele kõrgustele.

Teekond läbi selle kokaraamatu viib teid maitsekale seiklusele, alates eelroogadest ja eelroogadest kuni magustoitude ja jookideni, tutvustades tähelepanuväärset habanero paprikate valikut. Olenemata sellest, kas olete kogenud tšilli austaja või alles alustate vürtsika köögi maailmaga tutvumist, nendel lehtedel leidub igaühele midagi. Valmistuge alustama kulinaarset uurimistööd, mis tähistab julget, julget ja maitsvat.

Iga selle kollektsiooni retsept on hoolikalt välja töötatud, et tasakaalustada habanero kuumust täiendavate koostisosadega, luues roogasid, mis pole mitte ainult vürtsikad, vaid ka täis keerulisi maitseid. Alates klassikalistest vürtsika hõnguga roogadest kuni uuenduslike loominguteni, mis nihutavad traditsioonilise toiduvalmistamise piire, leiate inspiratsiooni igaks elujuhtumiks, olgu siis tegemist rahvahulgale toidu valmistamisega või lihtsalt oma isu rahuldamisega.

Kuid "ÜLIMAALNE HABANERO KOKARAAMAT" on midagi enamat kui lihtsalt retseptide kogum; see on kultuuri, traditsioonide ja ülemaailmse köögi elava seinavaiba tähistamine. Lisaks igale retseptile saate teavet roa päritolu kohta, näpunäiteid habanero paprikate hankimiseks ja käsitlemiseks ning soovitusi retsepti kohandamiseks vastavalt teie isiklikele maitse-eelistustele. Olenemata sellest, kas teid tõmbavad Kariibi mere piirkonna tulised maitsed, Ladina-Ameerika suitsune kuumus või Aasia julged vürtsid, leiate inspiratsiooni oma toiduvalmistamiseks nende rikkalike kulinaarsete traditsioonide olemusega.

Nii et olenemata sellest, kas soovite oma lemmikroogadele tulise hoo sisse anda või asute kulinaarsele seiklusele, mis kannab teie maitsemeeli üle maailma, on "ÜLIMAALNE HABANERO KOKARAAMAT" teie pass vürtsikasse paradiisi. Olge valmis oma kulinaarset repertuaari vürtsitama ja avastage habanero paprikatega kokkamise põnevust – seda kõike samal ajal meelitades oma meeli ja sütitades teie kirge julge ja maitsva toidu vastu.

HABANERO KASTMED

1.Habanero Bahama kuum kaste

KOOSTISOSAD:
- 10 habanero paprikat, varred eemaldatud
- 2 küüslauguküünt
- 1/2 tassi valget äädikat
- 2 spl laimimahla
- 1 spl kollast sinepit
- 1 spl mett
- 1/2 teelusikatäit soola

JUHISED:
a) Sega blenderis või köögikombainis kokku habanero paprika, küüslauk, valge äädikas, laimimahl, kollane sinep, mesi ja sool.
b) Blenderda ühtlaseks.
c) Tõsta kaste kastrulisse ja lase keskmisel kuumusel podiseda.
d) Küpseta umbes 10 minutit, aeg-ajalt segades.
e) Tõsta tulelt ja lase kastmel jahtuda.
f) Kui kaste on jahtunud, viige see purki või õhukindlasse anumasse ja jahutage.

2. Papaia-Habanero kuum kaste kirega

KOOSTISOSAD:
- 1 küps papaia, kooritud ja seemnetest puhastatud
- 4 habanero paprikat, varred eemaldatud
- 2 küüslauguküünt
- 1/4 tassi valget äädikat
- 2 spl laimimahla
- 2 spl passionimahla
- 1 spl mett
- 1 tl soola

JUHISED:
a) Segage segistis või köögikombainis papaia, habanero paprika, küüslauk, valge äädikas, laimimahl, passionimahl, mesi ja sool.
b) Blenderda ühtlaseks.
c) Tõsta kaste kastrulisse ja lase keskmisel kuumusel podiseda.
d) Keeda umbes 10 minutit, aeg-ajalt segades.
e) Tõsta tulelt ja lase kastmel jahtuda.
f) Pärast jahtumist tõsta kaste purki või õhukindlasse anumasse ja jahuta.

3. El Yucateco stiilis punane Habanero kuum kaste

KOOSTISOSAD:
- 8 punast habanero paprikat
- 4 küüslauguküünt (hakitud)
- 1/4 tassi destilleeritud äädikat
- 2 spl soola
- 1 spl suhkrut
- 1 spl taimeõli

JUHISED:
a) Eemaldage habanero paprikatelt varred ja asetage need blenderisse.
b) Lisage segistisse hakitud küüslauk, destilleeritud äädikas, sool, suhkur ja taimeõli. Blenderda ühtlaseks.
c) Vala segu kastrulisse ja hauta tasasel tulel aeg-ajalt segades 10-15 minutit.
d) Laske kastmel täielikult jahtuda, seejärel viige see purki või pudelisse. Hoida külmkapis.

4. El Yucateco stiilis roheline Habanero kuum kaste

KOOSTISOSAD:
- 8 rohelist habanero paprikat
- 4 küüslauguküünt (hakitud)
- 1/4 tassi destilleeritud äädikat
- 2 spl soola
- 1 spl suhkrut
- 1 spl taimeõli

JUHISED:
a) Eemaldage habanero paprikatelt varred ja asetage need blenderisse.
b) Lisage segistisse hakitud küüslauk, destilleeritud äädikas, sool, suhkur ja taimeõli. Blenderda ühtlaseks.
c) Tõsta segu kastrulisse ja hauta tasasel tulel aeg-ajalt segades 10-15 minutit.
d) Enne purki või pudelisse viimist laske kastmel täielikult jahtuda. Hoia külmkapis ja kasuta vastavalt soovile.

5.Belize'i stiilis kuum Habanero kaste

KOOSTISOSAD:
- 10 habanero paprikat (seemned ja varred eemaldatud)
- 4 küüslauguküünt
- 1 keskmine sibul, hakitud
- 1 porgand, tükeldatud
- 1 tass valget äädikat
- 2 spl laimimahla
- 1 spl soola
- 1 spl taimeõli
- 1 tl paprikat

JUHISED:
a) Kuumuta kastrulis keskmisel kuumusel taimeõli. Lisa hakitud sibul, porgand ja küüslauk. Prae, kuni need muutuvad pehmeks ja lõhnavaks.
b) Lisage habanero paprika kastrulisse ja jätkake hautamist veel 2-3 minutit.
c) Tõsta kastrul tulelt ja lase segul mõni minut jahtuda.
d) Tõsta segu blenderisse või köögikombaini. Lisa äädikas, laimimahl, sool ja paprika.
e) Sega segu seni, kuni saavutad ühtlase konsistentsi.
f) Maitse kuuma kastet ja vajadusel kohanda maitseaineid.
g) Vala kuum kaste purki või pudelisse ja lase täielikult jahtuda.
h) Sulgege purk või pudel ja hoidke enne kasutamist vähemalt 24 tundi külmkapis, et maitsed saaksid kokku sulada.
i) Enne kasutamist loksuta korralikult ja naudi omatehtud Belize'i stiilis habanero kuuma kastet!
j) Pange tähele, et habanero paprika on väga vürtsikas, seega käsitsege neid ettevaatlikult ja kaaluge nende käsitsemisel kinnaste kandmist. Reguleerige habanero paprika kogust vastavalt oma vürtsitaluvusele.

6. Habanero, Tomatillo ja apelsini salsa

KOOSTISOSAD:
- 4 tomatit, kooritud ja loputatud
- 2 habanero paprikat, varred ja seemned eemaldatud
- 1 väike punane sibul, tükeldatud
- 1 küüslauguküüs, hakitud
- 1 apelsini mahl
- 1 laimi mahl
- 1 spl oliiviõli
- 1 spl hakitud värsket koriandrit
- Soola maitse järgi

JUHISED:
a) Eelsoojendage oma broiler kõrgele. Aseta tomatid küpsetusplaadile ja prae 5–7 minutit, kuni need on kergelt söestunud ja pehmenenud.
b) Eemaldage tomatid ahjust ja laske neil veidi jahtuda.
c) Sega segistis või köögikombainis omavahel praetud tomatid, habanero paprikad, punane sibul, küüslauk, apelsinimahl, laimimahl, oliiviõli ja koriander.
d) Blenderda kuni saavutad ühtlase konsistentsi. Kui eelistate rammusamat salsat, segage koostisosi pidevalt segamise asemel.
e) Maitsesta salsat ja maitsesta soolaga vastavalt oma eelistusele. Reguleerige habanero paprikate kogust vastavalt soovitud vürtsitasemele.
f) Tõsta salsa serveerimiskaussi ja lase umbes 30 minutit toatemperatuuril seista, et maitsed saaksid kokku sulada.
g) Serveerige habanero-, tomatillo- ja apelsinisalsat koos tortillakrõpsude, tacode, grill-liha või mis tahes soovitud roaga.

7.Sulanud Lava kuum kaste

KOOSTISOSAD:
- 10 habanero paprikat, varred eemaldatud
- 2 küüslauguküünt
- 1/4 tassi valget äädikat
- 2 spl laimimahla
- 1 spl mett
- 1 tl soola

JUHISED:
a) Sega segistis või köögikombainis habanero paprika, küüslauk, valge äädikas, laimimahl, mesi ja sool.
b) Blenderda ühtlaseks.
c) Tõsta kaste kastrulisse ja lase keskmisel kuumusel podiseda.
d) Keeda umbes 10 minutit, aeg-ajalt segades.
e) Tõsta tulelt ja lase kastmel jahtuda.
f) Pärast jahtumist tõsta kaste purki või õhukindlasse anumasse ja jahuta.

8.Y ucatani Habanero kaste

KOOSTISOSAD:
- 6 habanero paprikat, varred ja seemned eemaldatud
- 2 küüslauguküünt
- 1/2 väikest punast sibulat, hakitud
- 2 apelsini mahl
- 1 laimi mahl
- 2 spl valget äädikat
- 1 spl oliiviõli
- 1 tl kuivatatud pune
- Soola maitse järgi

JUHISED:
a) Sega blenderis või köögikombainis kokku habanero paprika, küüslauk, punane sibul, apelsinimahl, laimimahl, valge äädikas, oliiviõli, kuivatatud pune ja näpuotsaga soola.
b) Blenderda kuni saavutad ühtlase konsistentsi. Kui segu on liiga paks, võite soovitud konsistentsi saavutamiseks lisada veidi vett.
c) Maitse kastet ja kohanda maitsestamist, lisades vajadusel veel soola.
d) Tõsta Yucatani habanero kaste tihedalt suletavasse kaanega purki või pudelisse.
e) Lase kastmel vähemalt 1 tund toatemperatuuril seista, et maitsed areneksid ja seguneksid.
f) Pärast puhkamist pane kaste mõneks tunniks või üleöö külmkappi, et maitseid veelgi tugevdada.
g) Serveerige Yucatani habanero kastet vürtsika maitseainena koos grillitud liha, tacode, quesadillade või mis tahes roogadega, millel võib olla vürtsikas maitse.
h) Pidage meeles, et habanero paprika on äärmiselt vürtsikas, nii et käsitsege neid ettevaatlikult ja kaaluge nende valmistamise ajal kinnaste kandmist. Alustage väikese koguse habanero pipraga ja kohandage kogust vastavalt oma vürtsitaluvusele. Nautige Yucatani habanero kastme tuliseid maitseid!

9. Mango Habanero kaste

KOOSTISOSAD:
- 2 küpset mangot, kooritud ja tükeldatud
- 2 habanero paprikat, seemnetest puhastatud ja tükeldatud
- ¼ tassi valget äädikat
- 2 spl laimimahla
- 2 supilusikatäit mett
- 1 tl küüslaugupulbrit
- Soola maitse järgi

JUHISED:
a) Sega segistis või köögikombainis hakitud mangod, habanero paprika, valge äädikas, laimimahl, mesi, küüslaugupulber ja sool.
b) Blenderda, kuni saavutad ühtlase kastme konsistentsi.
c) Tõsta segu kastrulisse ja lase keskmisel kuumusel podiseda.
d) Alandage kuumust ja laske aeg-ajalt segades umbes 10-15 minutit küpseda.
e) Eemaldage tulelt ja laske kastmel täielikult jahtuda.
f) Tõsta mango habanero kaste tihedalt suletavasse kaanega purki või pudelisse.
g) Hoia kasutusvalmis külmkapis.
h) Kasutage kastet vürtsika maitseainena grill-liha ja võileibade jaoks või dipikastmena kevadrullide või kanatiibade jaoks.

10. Virsiku ja ploomi Habanero salsa

KOOSTISOSAD:
- 2 virsikut, kooritud ja kuubikuteks lõigatud
- 2 ploomi, kooritud ja kuubikuteks lõigatud
- 2 habanero paprikat, varred ja seemned eemaldatud, peeneks hakitud
- 1/2 punast sibulat, peeneks hakitud
- 1/4 tassi värsket koriandrit, hakitud
- 1 laimi mahl
- 1 spl valget äädikat
- 1 spl mett või suhkrut (valikuline, magususe jaoks)
- Soola maitse järgi

JUHISED:
a) Sega kausis kuubikuteks lõigatud virsikud, ploomid, hakitud habanero paprika, punane sibul ja koriander.
b) Lisa kaussi laimimahl ja valge äädikas ning sega korralikult läbi.
c) Kui eelistad magusamat salsat, võid lisada mett või suhkrut ja segada, kuni see lahustub.
d) Maitsesta maitse järgi soolaga ja reguleeri habanero paprika kogust vastavalt soovitud vürtsikuse tasemele.
e) Lase salsal toatemperatuuril umbes 15-30 minutit seista, et maitsed seguneksid.
f) Maitse salsat ja vajadusel kohanda maitsestamist.
g) Serveeri virsiku ja ploomi habanero salsat koos tortillakrõpsude, grill-liha, kala, tacode või mis tahes roogadega, mis võivad sisaldada puuviljast ja vürtsikat salsat.
h) Salsajääke säilib suletud anumas külmkapis kuni 3-4 päeva.
i) Nautige selles maitsvas salsas magusat ja vürtsikat virsikute ja ploomide kombinatsiooni koos tulise habanero paprikaga!

11. Küüslaugu Habanero kaste

KOOSTISOSAD:
- 12 habanero paprikat (seemned ja varred eemaldatud)
- 6 küüslauguküünt
- 1/2 tassi valget äädikat
- 2 spl laimimahla
- 1 spl soola
- 1 spl suhkrut

JUHISED:
a) Sega segistis või köögikombainis habanero paprika, küüslauk, äädikas, laimimahl, sool ja suhkur. Blenderda ühtlaseks.
b) Vala segu kastrulisse ja lase keskmisel kuumusel podiseda.
c) Alanda kuumust ja lase kastmel aeg-ajalt segades umbes 10-15 minutit podiseda.
d) Eemaldage tulelt ja laske kastmel täielikult jahtuda. Tõsta see purki või pudelisse ja hoia külmkapis.

12.Suitsune Habanero kaste

KOOSTISOSAD:
- 12 habanero paprikat (seemned ja varred eemaldatud)
- 4 küüslauguküünt
- 2 spl oliiviõli
- 2 spl suitsupaprikat
- 1/4 tassi valget äädikat
- 2 spl laimimahla
- 1 spl soola

JUHISED:
a) Kuival pannil röstige habanero paprika ja küüslauguküüned keskmisel kuumusel, kuni need lõhnavad.
b) Sega blenderis või köögikombainis röstitud paprika ja küüslauk, oliiviõli, suitsupaprika, äädikas, laimimahl ja sool. Blenderda ühtlaseks.
c) Vala segu kastrulisse ja lase keskmisel kuumusel podiseda.
d) Alanda kuumust ja lase kastmel aeg-ajalt segades umbes 10-15 minutit podiseda.
e) Eemaldage tulelt ja laske kastmel täielikult jahtuda. Tõsta see purki või pudelisse ja hoia külmkapis.

13. Kariibi mere stiilis Habanero kaste

KOOSTISOSAD:
- 8 habanero paprikat (seemned ja varred eemaldatud)
- 4 küüslauguküünt
- 1/2 tassi ananassimahla
- 1/4 tassi apelsinimahla
- 1/4 tassi laimimahla
- 2 spl valget äädikat
- 1 spl mett või suhkrut
- 1 tl soola

JUHISED:
a) Sega blenderis või köögikombainis kokku habanero paprika, küüslauk, ananassimahl, apelsinimahl, laimimahl, äädikas, mesi või suhkur ja sool. Blenderda ühtlaseks.
b) Vala segu kastrulisse ja lase keskmisel kuumusel podiseda.
c) Alanda kuumust ja lase kastmel aeg-ajalt segades umbes 10-15 minutit podiseda.
d) Eemaldage tulelt ja laske kastmel täielikult jahtuda. Tõsta see purki või pudelisse ja hoia külmkapis.

14.Magus Habanero grillkaste

KOOSTISOSAD:
- 8 habanero paprikat (seemned ja varred eemaldatud)
- 4 küüslauguküünt
- 1 tass ketšupit
- 1/4 tassi melassi
- 2 spl valget äädikat
- 2 spl pruuni suhkrut
- 1 spl Worcestershire'i kastet
- 1 tl suitsupaprikat
- 1/2 teelusikatäit soola

JUHISED:
a) Sega blenderis või köögikombainis kokku habanero paprika, küüslauk, ketšup, melass, äädikas, pruun suhkur, Worcestershire'i kaste, suitsupaprika ja sool. Blenderda ühtlaseks.
b) Vala segu kastrulisse ja lase keskmisel kuumusel podiseda.
c) Alanda kuumust ja lase kastmel aeg-ajalt segades umbes 10-15 minutit podiseda.
d) Eemaldage tulelt ja laske kastmel täielikult jahtuda. Tõsta see purki või pudelisse ja hoia külmkapis.

15. Vein-Habanero kaste

KOOSTISOSAD:
- 4 habanero paprikat, varred ja seemned eemaldatud, peeneks hakitud
- 1 tass punast veini (nt Cabernet Sauvignon või Merlot)
- 1/2 tassi destilleeritud valget äädikat
- 1/4 tassi mett või suhkrut
- 2 küüslauguküünt, hakitud
- 1 tl soola
- 1 spl maisitärklist (valikuline, paksendamiseks)

JUHISED:
a) Sega potis habanero paprikad, punane vein, valge äädikas, mesi või suhkur, hakitud küüslauk ja sool.
b) Kuumuta segu keskmisel kuumusel keema. Kui keeb, alandage kuumust ja laske aeg-ajalt segades umbes 15 minutit podiseda.
c) Kui eelistate paksemat kastet, lahustage maisitärklis väheses koguses külmas vees, et tekiks läga. Sega läga kastmesse ja hauta veel 5 minutit, kuni kaste veidi pakseneb.
d) Tõsta kastrul tulelt ja lase veini-habanero kastmel täielikult jahtuda.
e) Tõsta kaste purki või pudelisse ja hoia külmikus.
f) Parimate tulemuste saavutamiseks laske maitsetel enne kasutamist vähemalt 1-2 päeva seguneda.
g) Serveerige veini-habanero kastet grillitud liha, linnuliha, mereandide või röstitud köögiviljade maitseaine või glasuurina.

16. Rumm Habanero kaste

KOOSTISOSAD:
- 4 habanero paprikat, varred ja seemned eemaldatud, peeneks hakitud
- 1/2 tassi rummi (tume või vürtsikas)
- 1/4 tassi destilleeritud valget äädikat
- 1/4 tassi laimimahla
- 2 spl mett või suhkrut
- 2 küüslauguküünt, hakitud
- 1 tl soola

JUHISED:
a) Sega potis habanero paprikad, rumm, valge äädikas, laimimahl, mesi või suhkur, hakitud küüslauk ja sool.
b) Kuumuta segu keskmisel kuumusel keema. Kui keeb, alandage kuumust ja laske aeg-ajalt segades umbes 10 minutit podiseda.
c) Tõsta kastrul tulelt ja lase rummi-habanero kastmel mõni minut jahtuda.
d) Tõsta kaste blenderisse või köögikombaini ja blenderda ühtlaseks massiks.
e) Lase kastmel täielikult jahtuda.
f) Valage kaste purki või pudelisse ja hoidke külmkapis.
g) Parimate tulemuste saavutamiseks laske maitsetel enne kasutamist vähemalt 1-2 päeva kokku sulada.
h) Serveeri rummi-habanero kastet maitseaine või glasuurina grill-liha, mereandide või eelroogade dipikastmena.

17. Mehhiko Habanero kuum kaste

KOOSTISOSAD:
- 8 apelsini habanero paprikat
- 4 küüslauguküünt (hakitud)
- 1/4 tassi destilleeritud äädikat
- 2 spl soola
- 1 spl suhkrut
- 1 spl taimeõli

JUHISED:
a) Eemaldage habanero paprikatelt varred ja asetage need blenderisse.
b) Lisage segistisse hakitud küüslauk, destilleeritud äädikas, sool, suhkur ja taimeõli. Blenderda ühtlaseks.
c) Tõsta segu kastrulisse ja hauta tasasel tulel aeg-ajalt segades 10-15 minutit.
d) Enne purki või pudelisse viimist laske kastmel täielikult jahtuda. Hoia külmkapis ja kasuta vastavalt soovile.

18. El Yucateco stiilis Black Label Reserve kuum kaste

KOOSTISOSAD:
- 8 musta habanero paprikat
- 4 küüslauguküünt (hakitud)
- 1/4 tassi destilleeritud äädikat
- 2 spl soola
- 1 spl suhkrut
- 1 spl taimeõli

JUHISED:
a) Eemaldage habanero paprikatelt varred ja asetage need blenderisse.
b) Lisage segistisse hakitud küüslauk, destilleeritud äädikas, sool, suhkur ja taimeõli. Blenderda ühtlaseks.
c) Vala segu kastrulisse ja hauta tasasel tulel aeg-ajalt segades 10-15 minutit.
d) Laske kastmel täielikult jahtuda, seejärel viige see purki või pudelisse. Hoida külmkapis.

19.Barbadose kuum kaste

KOOSTISOSAD:
- 6 habanero paprikat, varred eemaldatud
- 1 väike sibul, hakitud
- 3 küüslauguküünt
- 1/4 tassi valget äädikat
- 1 spl sinepit
- 1 tl suhkrut
- Soola maitse järgi

JUHISED:
a) Sega blenderis või köögikombainis kokku habanero paprika, sibul, küüslauk, äädikas, sinep, suhkur ja sool.
b) Blenderda ühtlaseks.
c) Tõsta kaste kastrulisse ja lase keskmisel kuumusel podiseda.
d) Küpseta umbes 10 minutit, aeg-ajalt segades.
e) Tõsta tulelt ja lase kastmel jahtuda.
f) Kui kaste on jahtunud, viige see purki või õhukindlasse anumasse ja jahutage.

20. Kreooli kuum piprakaste

KOOSTISOSAD:
- 10 habanero paprikat, varred eemaldatud
- 2 küüslauguküünt
- 1/2 tassi valget äädikat
- 2 spl tomatipastat
- 1 supilusikatäis paprikat
- 1 spl mett
- 1 tl soola

JUHISED:
a) Sega blenderis või köögikombainis kokku habanero paprika, küüslauk, valge äädikas, tomatipasta, paprika, mesi ja sool.
b) Blenderda ühtlaseks.
c) Tõsta kaste kastrulisse ja lase keskmisel kuumusel podiseda.
d) Küpseta umbes 10 minutit, aeg-ajalt segades.
e) Tõsta tulelt ja lase kastmel jahtuda.
f) Kui kaste on jahtunud, viige see purki või õhukindlasse anumasse ja jahutage.

21.Puuviljane kuum kaste

KOOSTISOSAD:
- 1 tass segatud puuvilju (nagu mango, ananass või virsikud), tükeldatud
- 2 habanero paprikat, eemaldatud varred ja seemned
- 1/4 tassi valget äädikat
- 2 supilusikatäit mett
- 1 spl laimimahla
- 1/2 teelusikatäit soola

JUHISED:
a) Sega blenderis või köögikombainis omavahel segatud puuviljad, habanero paprika, valge äädikas, mesi, laimimahl ja sool.
b) Blenderda ühtlaseks.
c) Tõsta kaste kastrulisse ja lase keskmisel kuumusel podiseda.
d) Küpseta umbes 10 minutit, aeg-ajalt segades.
e) Tõsta tulelt ja lase kastmel jahtuda.
f) Kui kaste on jahtunud, viige see purki või õhukindlasse anumasse ja jahutage.

22.Vulkaaniline kuum kaste

KOOSTISOSAD:
- 10 punast tšillipipart (nt cayenne või habanero), varred eemaldatud
- 2 küüslauguküünt
- 1/4 tassi valget äädikat
- 2 spl laimimahla
- 1 spl mett
- 1 tl soola

JUHISED:
a) Sega segistis või köögikombainis kokku punased tšillipipar, küüslauk, valge äädikas, laimimahl, mesi ja sool.
b) Blenderda ühtlaseks.
c) Tõsta kaste kastrulisse ja lase keskmisel kuumusel podiseda.
d) Keeda umbes 10 minutit, aeg-ajalt segades.
e) Tõsta tulelt ja lase kastmel jahtuda.
f) Pärast jahtumist tõsta kaste purki või õhukindlasse anumasse ja jahuta.

23. Ají Picante

KOOSTISOSAD:
- 1 unts (umbes 4) värsket ají chirca või habanero paprikat, tükeldatud ja tükeldatud
- 6 sibulat, nii valget kui rohelist osa, tükeldatud
- 1 tass värskelt hakitud koriandrit
- 2 keskmist tomatit, tükeldatud
- 1 spl jodeerimata soola
- 1 tass vett
- ¼ tassi reserveeritud soolvett
- ¼ tassi valget äädikat
- 2 spl laimimahla
- 2 tl granuleeritud suhkrut
- ¼ tassi avokaado- või päevalilleõli, serveerimiseks

JUHISED:
a) Segage segamisnõus tšillid, talisibul, koriander ja tomatid. Puista köögiviljad soolaga.
b) Masseerige soola oma kätega köögiviljadesse, kuni hakkab moodustuma soolvesi. Laske köögiviljadel seista 30 minutit või seni, kuni on moodustunud piisavalt soolvett, et katta koostisosad purgis.
c) Pakkige mesi puhtasse purki, surudes seda alla, et soolvesi kataks meski.
d) Asetage kartšš, kui kasutate, keerake kaas tihedalt peale ja hoidke purki toatemperatuuril 5 päeva käärima. Rühkige purki iga päev.
e) Kui käärimine on lõppenud, kurna meski, jättes alles ¼ tassi soolvett.
f) Kombineerige puder, vesi, soolvesi, äädikas, laimimahl ja suhkur köögikombainis või blenderis. Pulseerige kergelt, kuni see on hästi segunenud, kuid mitte täielikult püreestatud. Veidi rammusama versiooni jaoks võite pulseerimisetapi vahele jätta ja koostisained lihtsalt käsitsi segada.
g) Hoidke ají picantet õhukindlas anumas külmkapis kuni 1 aasta.
h) Vahetult enne serveerimist segage 1 tassi kastme kohta 1 spl õli.

HABANERO HÕÕRUDA

24. Macnamee's Bbq Rub

KOOSTISOSAD:
- 2 tl safranit
- 2 spl mooniseemneid
- 3 spl sumahhi (jahvatatud) 1 spl muskaat (jahvatatud)
- 3 spl universaalset Kreeka maitseainet
- 3 supilusikatäit habanero pulbrit
- 4 spl ancho chili pulbrit
- 4 spl universaalset kanamaitseainet
- 2 supilusikatäit musta pipart
- 2 spl meresoola/koššersoola

JUHISED:
a) Keskmises kausis segage koostisosad kokku. Hoida toatemperatuuril õhukindlas pakendis kuni kasutusvalmis.
b) Hõõruge ohtralt sealihale, katke ja hoidke üleöö (või vähemalt 4 tundi) külmkapis enne suitsetamist, küpsetamist, aeglast küpsetamist või grillimist.

25. Mocandra maitseaine

KOOSTISOSAD:
- 4 supilusikatäit koriandrit
- 1 supilusikatäis sumahhi (jahvatatud)
- 1 supilusikatäis peterselli
- 3 supilusikatäit pune
- 4 spl ungari magusat paprikat
- 3 supilusikatäit apteegitilli seemneid
- 1 spl habanero pulbrit
- 2 spl kuiva nacho maitseainet

JUHISED:
a) Keskmises kausis segage koostisosad kokku. Hoida toatemperatuuril õhukindlas pakendis kuni kasutusvalmis.
b) Hõõruge ohtralt sealihakotlette, katke ja hoidke enne suitsetamist, küpsetamist, aeglast küpsetamist või grillimist üleöö (või vähemalt 4 tundi) külmkapis.

26.Nagasaki praadimaitseaine

KOOSTISOSAD:
- ½ tassi sojakastet
- 3 spl sidrunimahla
- 1 spl habanero pulbrit
- 2 supilusikatäit sumahhi (jahvatatud)
- 1 spl kuuma karripulbrit
- 1 spl kadakamarju (jahvatatud)
- 1 supilusikatäis pimentipulbrit

JUHISED:
a) Keskmises kausis segage koostisosad kokku.
b) Marineeri praed enne grillimist vähemalt 4 tundi.

27. Brundage maitseaine

KOOSTISOSAD:
- 4 supilusikatäit sumahhi (jahvatatud)
- 2 spl selleriseemneid (jahvatatud) 1 spl habanero pulbrit
- 2 spl universaalset mereannimaitseainet
- 2 spl Hiina viievürtsi pulbrit
- 1 spl Montreali steigivürtsi 1 spl aniisiseemneid
- 4 spl sinepiseemneid (jahvatatud) 2 spl musta pipart

JUHISED:
a) Keskmises kausis segage koostisosad kokku. Hoida toatemperatuuril õhukindlas pakendis kuni kasutusvalmis.
b) Hõõruge ohtralt sealihale, katke ja hoidke enne suitsetamist, küpsetamist, aeglast küpsetamist või grillimist üleöö (või vähemalt 4 tundi) külmkapis.

28. Klassikaline Habanero hõõrumine

KOOSTISOSAD:
- 2 spl jahvatatud habanero pipart
- 2 spl suitsupaprikat
- 1 spl küüslaugupulbrit
- 1 spl sibulapulbrit
- 1 spl pruuni suhkrut
- 1 spl kuivatatud pune
- 1 spl jahvatatud köömneid
- 1 spl soola
- 1 tl musta pipart

JUHISED:
a) Segage kausis kõik koostisosad ja segage hästi, kuni need on ühtlaselt segunenud.
b) Enne grillimist, röstimist või suitsetamist hõõruge segu rikkalikult valitud lihale või köögiviljadele.

29. Magus ja vürtsikas Habanero hõõrumine

KOOSTISOSAD:
- 2 spl jahvatatud habanero pipart
- 2 spl pruuni suhkrut
- 1 spl suitsupaprikat
- 1 spl küüslaugupulbrit
- 1 spl sibulapulbrit
- 1 spl jahvatatud köömneid
- 1 spl tšillipulbrit
- 1 spl soola
- 1 tl musta pipart

JUHISED:
a) Kombineerige kõik koostisosad kausis ja segage hoolikalt.
b) Kandke hõõruda ohtralt lihale või köögiviljadele, tagades ühtlase katte.
c) Küpseta oma toitu vastavalt soovile, olgu see siis grillimisel, küpsetamisel või pannil praadimisel, et hõõrumise maitsed tassi imbuksid.

30.Tsitrusviljade Habanero Rub

KOOSTISOSAD:
- 2 spl jahvatatud habanero pipart
- 1 laimi koor
- 1 apelsini koor
- 2 spl pruuni suhkrut
- 1 spl suitsupaprikat
- 1 spl küüslaugupulbrit
- 1 spl sibulapulbrit
- 1 spl jahvatatud köömneid
- 1 spl kuivatatud tüümiani
- 1 spl soola
- 1 tl musta pipart

JUHISED:
a) Sega kausis jahvatatud habanero pipar, laimikoor, apelsinikoor, pruun suhkur, suitsupaprika, küüslaugupulber, sibulapulber, köömned, tüümian, sool ja must pipar.
b) Segage kõik koostisosad hoolikalt, kuni need on hästi segunenud.
c) Kandke hõõrumist ohtralt lihale või köögiviljadele enne küpsetamist, tagades ühtlase katvuse.
d) Valmistage oma toitu eelistatud meetodil, et maitsed seguneksid.

31. Suitsune Habanero Rub

KOOSTISOSAD:
- 2 spl jahvatatud habanero pipart
- 1 spl suitsupaprikat
- 1 spl pruuni suhkrut
- 1 spl küüslaugupulbrit
- 1 spl sibulapulbrit
- 1 spl jahvatatud koriandrit
- 1 spl jahvatatud köömneid
- 1 spl soola
- 1 tl musta pipart

JUHISED:
a) Sega kausis jahvatatud habanero pipar, suitsupaprika, pruun suhkur, küüslaugupulber, sibulapulber, koriander, köömned, sool ja must pipar.
b) Sega hästi, kuni kõik koostisosad on ühtlaselt jaotunud.
c) Hõõruge segu rikkalikult lihale või köögiviljadele, kattes kindlasti kõik küljed.
d) Grillige, röstige või suitsetage oma toitu kuni täieliku valmimiseni, võimaldades hõõrdumise maitsetel areneda.

32.Mesi Habanero hõõruda

KOOSTISOSAD:
- 2 spl jahvatatud habanero pipart
- 2 supilusikatäit mett
- 1 spl suitsupaprikat
- 1 spl küüslaugupulbrit
- 1 spl sibulapulbrit
- 1 spl jahvatatud köömneid
- 1 spl kuivatatud tüümiani
- 1 spl soola
- 1 tl musta pipart

JUHISED:
a) Sega kausis jahvatatud habanero pipar, mesi, suitsupaprika, küüslaugupulber, sibulapulber, köömned, tüümian, sool ja must pipar.
b) Segage, kuni kõik koostisosad on hästi segunenud ja moodustavad paksu pasta.
c) Hõõruge segu lihale või köögiviljadele, tagades ühtlase katte.
d) Laske toidul koos hõõrumisega seista vähemalt 30 minutit, et maitsed imbuksid.
e) Küpseta oma toitu vastavalt soovile, olgu see siis grillimine, röstimine või pannil praadimine, kuni see on täielikult küpsenud ja hõõrumine on veidi karamelliseerunud.

33.Ananass-Habanero hõõruda

KOOSTISOSAD:
- 2 spl jahvatatud habanero pipart
- 1/4 tassi ananassimahla
- 1 laimi koor
- 2 spl pruuni suhkrut
- 1 spl suitsupaprikat
- 1 spl küüslaugupulbrit
- 1 spl sibulapulbrit
- 1 spl jahvatatud köömneid
- 1 spl kuivatatud pune
- 1 spl soola
- 1 tl musta pipart

JUHISED:
a) Sega kausis jahvatatud habanero pipar, ananassimahl, laimikoor, pruun suhkur, suitsupaprika, küüslaugupulber, sibulapulber, köömned, pune, sool ja must pipar, kuni see on hästi segunenud.
b) Hõõruge segu oma lihale või köögiviljadele, tagades ühtlase katvuse.
c) Laske sellel enne küpsetamist vähemalt 30 minutit marineerida, et maitsed imbuksid.
d) Grillige, röstige või pruunistage oma toitu kuni täieliku valmimiseni ja nautige vürtsikas-magusa maitse kombinatsiooni.

34. Mango-Habanero hõõruda

KOOSTISOSAD:
- 2 spl jahvatatud habanero pipart
- 1/4 tassi mangopüreed
- 1 sidruni koor
- 2 supilusikatäit mett
- 1 spl suitsupaprikat
- 1 spl küüslaugupulbrit
- 1 spl sibulapulbrit
- 1 spl jahvatatud koriandrit
- 1 spl jahvatatud köömneid
- 1 spl soola
- 1 tl musta pipart

JUHISED:
a) Sega kausis jahvatatud habanero pipar, mangopüree, sidrunikoor, mesi, suitsupaprika, küüslaugupulber, sibulapulber, koriander, köömned, sool ja must pipar.
b) Segage, kuni kõik koostisosad on hästi segunenud.
c) Hõõruge segu oma lihale või köögiviljadele, tagades rikkaliku katte.
d) Maitsete tugevdamiseks laske sellel enne küpsetamist vähemalt 30 minutit marineerida.
e) Küpseta oma toitu vastavalt soovile, olenemata sellest, kas seda grillida, küpsetada või pannil praadida, kuni see on täielikult küpsenud ja karamelliseerunud.

35. Kohv-Habanero Rub

KOOSTISOSAD:
- 2 spl jahvatatud habanero pipart
- 2 spl peeneks jahvatatud kohvi
- 2 spl pruuni suhkrut
- 1 spl suitsupaprikat
- 1 spl küüslaugupulbrit
- 1 spl sibulapulbrit
- 1 spl jahvatatud köömneid
- 1 spl tšillipulbrit
- 1 spl soola
- 1 tl musta pipart

JUHISED:
a) Sega kausis jahvatatud habanero pipar, jahvatatud kohv, pruun suhkur, suitsupaprika, küüslaugupulber, sibulapulber, köömned, tšillipulber, sool ja must pipar.
b) Sega hästi, kuni kõik koostisosad on ühtlaselt jaotunud.
c) Hõõruge segu oma lihale või köögiviljadele, tagades põhjaliku katvuse.
d) Laske sellel seista vähemalt 30 minutit, et maitsed sulaksid.
e) Grillige, röstige või suitsutage oma toitu kuni täieliku valmimiseni, võimaldades tugevatel maitsetel areneda.

HOMMIKUSÖÖK

36. Habanero hommikusöök Burritos

KOOSTISOSAD:
- 4 suurt jahutortillat
- 8 muna, lahtiklopitud
- 1 habanero pipar, seemnetest puhastatud ja peeneks hakitud
- 1/2 tassi hakitud Cheddari juustu
- 1/4 tassi hakitud värsket koriandrit
- Sool ja pipar maitse järgi
- Toiduõli

JUHISED:
a) Kuumuta pannil keskmisel kuumusel veidi toiduõli. Lisa hakitud habanero pipar ja prae 1-2 minutit, kuni see on pehmenenud.
b) Valage lahtiklopitud munad pannile koos habaneroga ja küpseta aeg-ajalt segades, kuni need on vahukooreks ja keedetud.
c) Maitsesta munad maitse järgi soola ja pipraga.
d) Soojendage jahutortillasid eraldi pannil või mikrolaineahjus.
e) Jaga munapuder ühtlaselt tortillade vahel. Tõsta iga peale hakitud Cheddari juust ja hakitud koriandrit.
f) Rulli tortillad kokku, et moodustada burritod, keerates rullides küljed sisse.
g) Serveeri kohe, soovi korral ka salsa- või avokaadoviiludega.

37. Habanero avokaado röstsai

KOOSTISOSAD:
- 2 viilu teie lemmikleiba, röstitud
- 1 küps avokaado
- 1 habanero pipar, seemnetest puhastatud ja õhukeselt viilutatud
- 1 spl laimimahla
- Sool ja pipar maitse järgi
- Soovi korral lisandid: viilutatud redis, mikrorohelised, murendatud fetajuust

JUHISED:
a) Püreesta küps avokaado kausis laimimahla, soola ja pipraga.
b) Laota püreestatud avokaado ühtlaselt röstitud saiaviiludele.
c) Lisa avokaado röstsai õhukesteks viiludeks lõigatud habanero paprikatega.
d) Lisage meelepäraseid lisandeid, nagu viilutatud redised, mikrorohelised või murendatud fetajuust.
e) Serveeri kohe vürtsikaks ja rahuldavaks hommikusöögiks.

38. Habanero hommikusöögiräsi

KOOSTISOSAD:
- 2 spl oliiviõli
- 1 habanero pipar, seemnetest puhastatud ja peeneks hakitud
- 1 väike sibul, tükeldatud
- 2 küüslauguküünt, hakitud
- 2 keskmist kartulit, kooritud ja kuubikuteks lõigatud
- 1 paprika, tükeldatud
- 4 muna
- Sool ja pipar maitse järgi
- Kaunistuseks hakitud värsket peterselli

JUHISED:
a) Kuumuta oliiviõli suurel pannil keskmisel kuumusel. Lisa hakitud habanero pipar, tükeldatud sibul ja hakitud küüslauk. Prae 2-3 minutit, kuni see on pehme.
b) Lisa pannile tükeldatud kartulid ja küpseta aeg-ajalt segades, kuni need on kuldpruunid ja läbiküpsenud, umbes 10–12 minutit.
c) Sega juurde tükeldatud paprika ja küpseta veel 2–3 minutit, kuni see on pehmenenud.
d) Tehke räsi segusse neli süvend ja lööge igasse süvendisse muna.
e) Kata pann kaanega ja küpseta 3-4 minutit või kuni munavalged on hangunud, kuid munakollased on veel vedelad.
f) Maitsesta maitse järgi soola ja pipraga, seejärel kaunista hakitud värske peterselliga.
g) Serveeri kuumalt, soovi korral kuuma kastme või salsaga külje peal lisasoojuse saamiseks.

39.Habanero hommikusöök Quesadillas

KOOSTISOSAD:
- 4 suurt jahutortillat
- 1 tass riivitud juustu (nt cheddar või Monterey Jack)
- 4 muna, vahupuder
- 1 habanero pipar, seemnetest puhastatud ja peeneks hakitud
- 1/4 tassi hakitud värsket koriandrit
- Sool ja pipar maitse järgi
- Toiduõli või või toiduvalmistamiseks

JUHISED:
a) Kuumuta pann keskmisel kuumusel ja määri kergelt toiduõli või võiga.
b) Aseta üks jahutortilla pannile ja puista pool riivitud juustust ühtlaselt tortillale.
c) Määri pool munapuder juustule, seejärel puista peale hakitud habanero pipart ja koriandrit.
d) Maitsesta soola ja pipraga maitse järgi.
e) Tõsta peale teine tortilla ja suru õrnalt alla.
f) Küpseta quesadillat 2-3 minutit mõlemalt poolt või kuni tortillad on kuldpruunid ja juust sulanud.
g) Korrake sama ülejäänud koostisosadega, et valmistada teine quesadilla.
h) Eemaldage pannilt ja laske enne viiludeks viilutamist minut jahtuda.
i) Serveeri kuumalt koos salsa, hapukoore või avokaadoviiludega.

40. Vürtsikad hommikusöögivorstikotletid Habanero

KOOSTISOSAD:
- 1 nael jahvatatud sealiha
- 1 habanero pipar, seemnetest puhastatud ja peeneks hakitud
- 2 küüslauguküünt, hakitud
- 1 tl jahvatatud köömneid
- 1 tl suitsupaprikat
- 1/2 tl kuivatatud tüümiani
- 1/2 tl kuivatatud pune
- Sool ja pipar maitse järgi
- Toiduõli praadimiseks

JUHISED:
a) Sega kaussi sealiha, hakitud habanero pipar, hakitud küüslauk, jahvatatud köömned, suitsupaprika, kuivatatud tüümian, kuivatatud pune, sool ja pipar.
b) Segage koostisosi, kuni need on hästi segunenud.
c) Jaga segu võrdseteks portsjoniteks ja vormi neist pätsikesed.
d) Kuumuta pannil keskmisel kuumusel veidi toiduõli.
e) Küpseta vorstipätsikesi pannil mõlemalt poolt umbes 4-5 minutit või kuni need on küpsed ja pealt kuldpruunid.
f) Tõsta pannilt ja nõruta paberrätikutel, et eemaldada liigne õli.
g) Serveeri vürtsikaid habanero hommikusöögivorstikotikesi kuumalt munade, röstsaia või oma lemmikhommikusöögi kõrvale.

41. Habanero hommikusöögipann

KOOSTISOSAD:
- 4 suurt muna
- 1 habanero pipar, seemnetest puhastatud ja peeneks hakitud
- 1 paprika, tükeldatud
- 1 väike sibul, tükeldatud
- 2 küüslauguküünt, hakitud
- 2 keskmist kartulit, kooritud ja kuubikuteks lõigatud
- 1 spl oliiviõli
- Sool ja pipar maitse järgi
- Kaunistuseks hakitud värsket peterselli

JUHISED:
a) Kuumuta oliiviõli suurel pannil keskmisel kuumusel.
b) Lisa pannile kuubikuteks lõigatud kartulid ja küpseta kuldpruuniks ja krõbedaks, umbes 10 minutit.
c) Lisa pannile tükeldatud paprika, sibul ja hakitud küüslauk. Küpseta, kuni köögiviljad on pehmenenud, umbes 5 minutit.
d) Tehke kartulisegusse neli süvendit ja lööge igasse süvendisse muna.
e) Puista hakitud habanero pipar ühtlaselt pannile.
f) Kata pann kaanega ja küpseta, kuni munavalged on hangunud ja munakollased veel vedelad, umbes 5 minutit.
g) Maitsesta maitse järgi soola ja pipraga, seejärel kaunista hakitud värske peterselliga.
h) Serveeri kuumalt, soovi korral kuuma kastme või salsaga külje peal lisasoojuse saamiseks.

42. Habanero Mango Deviled Munad

KOOSTISOSAD:
- 6 suurt muna, kõvaks keedetud ja kooritud
- 1/4 tassi majoneesi
- 1 tl Dijoni sinepit
- 1 tl valget äädikat
- 1 habanero pipar, peeneks hakitud (eemaldage seemned, et kuumus oleks väiksem)
- 2 spl peeneks hakitud küpset mangot
- Sool ja pipar maitse järgi
- Kaunistuseks hakitud koriander

JUHISED:
a) Valmistage klassikalised kuradimunad.
b) Segage majonees Dijoni sinepi, valge äädika, habanero pipra, tükeldatud mango, soola ja pipraga.
c) Kombineeri habanero mangosegu purustatud munakollastega.
d) Täida munavalged ja kaunista hakitud koriandriga.
e) Tõsta serveerimiseni külmkappi.

43. Frittata mustade ubadega

KOOSTISOSAD:
- 6 muna
- 2 tl rohelist habanero kuuma kastet
- soola maitse järgi
- jahvatatud must pipar maitse järgi
- 3 sibulat, viilutatud
- 2 šalottsibulat, viilutatud
- 1 spl kookosõli
- 1 purk musti ube
- 12 cl. puljong
- 1/2 sidruni mahl
- 1 tomat o, tükeldatud

JUHISED:
a) Kuumuta ahi 350 kraadi Fahrenheiti järgi.
b) Vahusta segamisnõus munad ja vürtsikas kaste ühtlaseks vahuks. Maitsesta soola ja pipraga maitse järgi.
c) Täida pann seguga ja küpseta, kuni omlett on tahenenud.
d) Kuumutage vokkpannil õli ja lisage sibul ja šalottsibul koos kuuma kastmega.
e) Lisa oad ja puljong ning kuumuta seejärel keemiseni, seejärel alanda kuumust.
f) Lisa sidrunimahl.
g) Võta omlett ahjust välja.
h) Jaotage oasegu ühtlaselt ülevalt.
i) Puista peale tükeldatud tomatid.

SUUPÄID JA SUUPÖÖD

44. Kohevad Akara pallid

KOOSTISOSAD:
- 2 tassi musta silmaga hernest (puhastatud, kooritud ja leotatud)
- 1 habanero pipar
- 1 suur sibul (segamiseks tükeldatud)
- Sool või puljongipulber maitse järgi.
- ¾ tassi vett
- 3 tassi toiduõli (friteerimiseks)

JUHISED:
a) Viige leotatud oad segistisse ja lisage sibul, pipar ja ¾ tassi vett. Blenderda ühtlaseks. Tõsta tainas statiivimikseri kaussi, millele on kinnitatud vispliga.
b) Lisage sool ja vahustage tainast umbes 6 minutit, et segusse siseneks õhk.
c) Taigna vahustamise ajal kuumuta praadimiseks õli.
d) Kui õli on kuum, kühveldage taigen käega õli sisse ja ärge laske sõrmedel kuuma õli puutuda.
e) Prae kuldpruuniks. Ärge unustage Akarat teisele poole pöörata, et Akara pallid pruunistuksid ühtlaselt.
f) Tõsta köögipaberiga vooderdatud praekorvi, et üleliigne õli imenduks.

45.Kariibi mere ananassi fritters

KOOSTISOSAD:
- 2 tassi värsket ananassi; tükkideks lõigata
- 1 Habanero Tšiili pipar; külvatud ja hakitud
- 5 murulauku; peeneks hakitud
- 1 sibul; hakitud
- 2 küüslauguküünt; püreestatud ja hakitud
- 8 rohelist sibulat; hakitud
- ½ tl kurkumit
- 1¼ tassi jahu
- ½ tassi piima; või enama
- ½ tassi taimeõli; praadimiseks
- 2 muna; pekstud
- Sool ja pipar
- Ananassi rõngad; garneeringuks

JUHISED:
a) Segage esimesed seitse koostisosa ; kõrvale panema.
b) Sega jahu, piim, munad, sool ja pipar ning klopi elektrimikseri abil korralikult läbi.
c) 4 tunni pärast ühendage puuviljad taignaga.
d) Kuumutage sügaval pannil taimeõli.
e) Tõsta tainast lusikate kaupa ja prae umbes 5 minutit või kuni need on kuldpruunid.
f) Eemalda fritüürid ja nõruta paberrätikutel. Serveeri külmalt

46.Kariibi vürtsikas Ceviche

KOOSTISOSAD:
MARINAAD
- ½ teelusikatäis suhkrut
- ½ teelusikatäis soola
- ¼ teelusikatäis jahvatatud musta pipart
- 1 kuum kaste maitse järgi
- 2 untsi värsket laimimahla
- 2 untsi värsket sidrunimahla
- 4 untsi värsket apelsinimahla

GARNESID
- 4 untsi seemnetega ja ¼ tolli kuubikuteks lõigatud tomatit
- 2 untsi paprikat rohelise/punase seemnetega, kuubikuteks ⅛ tolli
- 2 untsi sibulat, hakitud, loputa veega ja nõruta
- 2 spl koriandri lehti hakitud
- 2 spl hakitud peterselli
- 2 seemneteta serrano paprikat peeneks tükeldatud
- 2 jalapeno paprikat seemnetest puhastatud ja peeneks tükeldatud
- 5 habanero seemneteta peeneks kuubikuteks lõigatud

KARBIKAS
- 32 untsi keeva veega
- 1 roheline sibul, valge osa ja 1-tolline roheline viilutatud
- 20 Krevetid kooritud ja tükeldatud
- 12 untsi rannakarbid, puhastatud ja habemeta
- 12 beebikarpi
- 6 untsi kammkarpe, loputatud
- 2 untsi valget veini
- 1 unts šalottsibulat tükeldatud
- 1 tostada- või tortillakrõpsud

JUHISED:
a) Sega marinaadiained korralikult külmkappi tarretuna
b) Valmistage garneeringud kõrvale
c) Aja vesi keema ja lase 5 minutit podiseda
d) Lisage krevetid äsja keedetud vette ning eemaldage ja jahutage, et need ei muutuks kummiseks

e) Laske vedelik uuesti keema ja lisage kammkarbid ning eemaldage tulelt, laske 3 minutit seista
f) Lõika kammkarbid, mis peaksid olema piimvalged, keskmises äravoolutorus ja loputage lapse vee all.
g) Kombineerige karbid, rannakarbid, vein ja šalottsibul pannikaanes ning aurutage, kuni kõik kestad on lahti, eemaldage kõik avamata koored
h) Visake karbid ära ja tükeldage kõik karbid (krevetid, kammkarbid, rannakarbid ja karbid)
i) Kombineerige marinaad, karbid ja kaunistused hästi ning jahutage vähemalt kaks tundi. Enne serveerimist kontrolli maitseaineid

47. Auster ja Habanero Ceviche

KOOSTISOSAD:
- 8 Tükeldatud värsket austrit
- 1 spl hakitud koriandrit
- 1 supilusikatäis peeneks tükeldatud tomatit
- ¼ teelusikatäit Habanero püreed
- ½ apelsini; ülimuslik
- ¼ tassi värskelt pressitud apelsinimahla
- 1 spl Värskelt pressitud sidrunimahla
- Sool ja pipar

JUHISED:
a) Sega kõik koostisosad kausis kokku.
b) Maitsesta soola ja pipraga.
c) Serveeri austrikoore poolikutena.

48. Jalapeno Churros Habanero mango kastmega

KOOSTISOSAD:
CHURROSE KOHTA:
- ½ ploki Cauldron Organic Tofu, nõrutatud
- 1 tl oliiviõli
- ½ laimi mahl
- 2 spl vett
- 1 väike küüslauguküüs
- ½ murendatud puljongikuubik
- ¼ tl sibula/selleri soola
- ¼ tl jämedat jahvatatud musta pipart
- 125g isekerkivat jahu
- 1 ½ tl küpsetuspulbrit
- 1 laimi koor
- 3 supilusikatäit tükeldatud viilutatud jalapenosid
- Peotäis hakitud koriandrit

MANGO DIPI KOHTA:
- ½ väikest punast sibulat
- 1 küps mango, kooritud ja kivideta
- 1 laimi mahl
- 1 habanero tšiili, seemnete ja kuubikutega
- Väike hunnik koriandrit, hakitud
- Näputäis soola

JUHISED:
a) Sega köögikombainis kokku nõrutatud Cauldron Organic Tofu, oliiviõli, laimimahl, vesi, küüslauk, purustatud puljongikuubik, sellerisool ja must pipar. Blenderda kuni saad ühtlase segu.
b) Sega juurde isekerkiv jahu, küpsetuspulber, laimikoor, hakitud jalapenod ja koriander, kuni need on hästi segunenud.
c) Tõsta churro segu lusikaga laiale torukotti või vormi sellest jahuga ülepuistatud kätega umbes 1 cm x 10 cm torukesed.
d) Eelsoojendage taimeõli fritüüris või tugeval pannil temperatuurini 180 °C (350 °F).
e) Tõsta churrod ettevaatlikult kuuma õli sisse ja prae 3–4 minutit või kuni need on pealt krõbedad kuldpruunid. Veenduge, et sisemine osa oleks küpsenud taignataoliseks konsistentsiks. Saate

kontrollida ühte churrot, eemaldades selle ettevaatlikult õlist ja murdes pooleks, et kontrollida küpsetamist enne ülejäänud eemaldamist.

f) Kui churrod on kuldpruunid ja krõbedad, eemaldage need õlist ja asetage paberrätikuga vooderdatud taldrikule. Puista neile maitse järgi jämedat soola.

g) Mangodipi valmistamiseks ühenda kõik dipikastme koostisosad (v.a koriander) blenderis või köögikombainis ja blenderda ühtlaseks massiks. Seejärel sega hulka hakitud koriander.

h) Serveeri soolaseid Jalapeno ja laimi Churros koos mahlaka Mango Dipiga, et saada maitsev ja kordumatu suupiste.

49. Lillkapsas ja Jalapeño En Escabeche

KOOSTISOSAD:
- ¼ tassi (60 ml) oliiviõli
- 6 jalapeñot (3½ untsi/100 g), poolitatud pikuti, seemnetest eemaldatud ja ribadeks lõigatud
- 4 porgandit (8¾ untsi/250 g), kooritud ja viilutatud 1 tolli (2,5 cm) paksusteks
- 4 väikest küüslauguküünt, kooritud ja purustatud
- 2 oksa tüümiani
- 1 loorberileht
- ¼ tl kuivatatud majoraani
- 4 tl meresoola
- ½ tassi (120 ml) ananassiäädikat (võib asendada tsitruseäädikat)
- ½ tassi (120 ml) õunasiidri äädikat
- 1½ tl demerara roosuhkrut
- 1 väike pea lillkapsas (14 untsi/400 g), lõigatud väikesteks õisikuteks
- 1 väike habanero tšilli, õhukeselt viilutatud
- ½ väikest jicama (9¼ untsi / 260 g), kooritud ja viilutatud 1 tolli (2,5 cm) paksuseks

JUHISED:
a) Kuumuta õli laias potis keskmisel kuumusel. Kui see on kuum, lisa jalapeñod ja porgandid. Prae 3 minutit, kuni jalapeñod vabastavad oma aroomi.
b) Lisa küüslauk, tüümian, loorberileht, majoraan ja sool. Prae veel 5 minutit.
c) Lisage ananassi- ja siidriäädikas, suhkur ja ¼ tassi (60 ml) vett ning jätkake praadimist, kuni koostisosad on hästi segunenud. Segage lillkapsas, habanero ja jicama ning hautage 5 minutit.
d) Lülitage kuumus välja.
e) Tõsta kaussi, kata kaanega ja lase vähemalt 3 tundi puhata, segades iga tunni tagant. Tõsta serveerimiseks külmkappi. See säilib külmkapis kuni 4 nädalat.

50. Aguachile Rojo

KOOSTISOSAD:
- 2 naela (910 g) suuri krevette (umbes 15–17 naela kohta), kooritud, kuivatatud, loputatud ja kuivatatud
- 12 laimi, eelistatavalt laimi mahl (umbes 1½ tassi/360 ml)
- 4 punast Fresno tšillit (1¼ untsi/30 g), varred eemaldatud
- 1 kuni 2 habanero tšillit, varred eemaldatud
- 2 spl oliiviõli
- ½ tl meresoola ja vajadusel rohkem
- Värskelt jahvatatud must pipar
- 1 tass (135 g) kooritud ja õhukesteks viiludeks lõigatud inglise kurki
- ½ tassi (65 g) õhukeseks viilutatud punast sibulat
- 2 supilusikatäit hakitud värsket koriandrit

SERVERIMISEKS:
- Tostadas
- Laimi viilud
- Hakitud värske petersell

JUHISED:
a) Kasutades väikest teravat noa, libistage krevetid, lõigates peaaegu täielikult läbi nende tagumise külje. See aitab krevettidel marineerimise ja toiduvalmistamise ajal tasasemaks jääda.
b) Asetage krevetid madalasse klaasnõusse. Valage peale kolm neljandikku laimi mahlast (umbes 1 tass/240 ml), veendudes, et krevetid on kaetud. Kata roog kaanega ja jahuta külmkapis umbes 15 minutit, kuni valmistad ülejäänud koostisained ette.
c) Lisage segistis Fresno ja habanero tšillid, ülejäänud neljandiku laimimahla mahl (umbes ½ tassi/120 ml), oliiviõli ja sool. Blenderda ühtlaseks. Maitske soola ja kohandage vastavalt vajadusele.
d) Eemaldage krevetid külmkapist ja valage peale tšillikaste ja laimikaste, veendudes, et see seguneks krevettidega ühtlaselt. Maitsesta pipraga. Laota peale kurgid, sibulad ja koriander. Jahutage veel umbes 15 minutit.
e) Veenduge, et krevetid oleksid külmikus vähemalt 30 minutit jahtunud, enne kui need kõik kokku segate ja koos tostadade, laimiviilude ja hakitud peterselliga serveeritakse.

51. Puerto kala ja krevetid Ceviche Tostadas

KOOSTISOSAD:
- 1 nael (455 g) hiidlesta fileed (võib asendada snapperfileed), lõigatud ¼-tollisteks (6 mm) kuubikuteks
- 1 nael (455 g) suuri krevette (umbes 15–17 naela kohta), kooritud, kuivatatud, loputatud ja jämedalt tükeldatud
- 1 tass (240 ml) värsket laimimahla
- ⅓ tassi (15 g) peeneks hakitud värsket koriandrit
- 1½ tassi (220 g) tükeldatud kirsstomateid
- 1 keskmine porgand (2½ untsi/70 g), peeneks hakitud
- 2 serrano tšillit, varred ja seemned eemaldatud, peeneks hakitud
- ½ tassi (65 g) peeneks hakitud punast sibulat
- 1 spl meresoola
- Habanero crema jaoks:
- 1 kuni 2 habanero tšillit, söestunud (saab grillida otse pliidil oleva leegi kohal)
- 1 spl värsket laimimahla
- ½ laimi koor
- 1 tl meresoola
- Värskelt jahvatatud must pipar
- 1 tass (240 ml) majoneesi

SERVERIMISEKS:
- 12 tostadat
- 1 avokaado, poolitatud, kivideta, kooritud ja õhukesteks viiludeks

JUHISED:

a) Segage suures kausis hiidlest, krevetid ja laimimahl ning laske mereandidel 20 minutit marineerida. Nõruta ja visake mahl välja peale ½ tassi (120 ml). Lisage samasse kaussi koriander, tomatid, porgand, serranod, punane sibul ja sool. Segage õrnalt segamiseks. Tõsta veel 20 minutiks külmkappi.

b) Vahepeal valmistage habanero crema: pulseerige köögikombainis söestunud habanero, laimimahl, laimikoor, sool ja pipar, kuni need on peeneks hakitud. Lisa majonees ja püreesta ühtlaseks massiks; jahuta, kuni see on serveerimiseks valmis, või kuni 30 minutit enne serveerimist.

c) Serveerimiseks määri igale tostadale õhuke kiht koriandriga majoneesi.

d) Tõsta peale mereandide ceviche segu ja kaunista avokaadoviiludega.

52.Habanero mango salsa

KOOSTISOSAD:
- 2 küpset mangot, tükeldatud
- 1 habanero pipar, seemnetest puhastatud ja peeneks hakitud
- 1/2 punast sibulat, peeneks hakitud
- 1/4 tassi värsket koriandrit, hakitud
- 1 laimi mahl
- Soola maitse järgi

JUHISED:
a) Segage segamisnõus tükeldatud mango, hakitud habanero pipar, hakitud punane sibul ja hakitud koriander.
b) Pigista segule laimimahl ja sega ühtlaseks.
c) Maitsesta maitse järgi soolaga.
d) Kata kaanega ja pane vähemalt 30 minutiks külmkappi, et maitsed sulaksid.
e) Serveeri habanero mango salsat koos tortillakrõpsudega või grillkala või kana lisandina.

53. Habanero peekonisse mähitud Jalapeño popperid

KOOSTISOSAD:
- 12 jalapeño paprikat
- 6 viilu peekonit, lõigatud pooleks
- 4 untsi toorjuustu, pehmendatud
- 1 habanero pipar, seemnetest puhastatud ja peeneks hakitud
- Sool ja pipar maitse järgi
- Hambaorkid

JUHISED:
a) Kuumuta ahi temperatuurini 375 °F (190 °C) ja vooderda küpsetusplaat küpsetuspaberiga.
b) Lõika jalapeño paprika pikuti pooleks ning eemalda seemned ja membraanid.
c) Segage segamisnõus pehme toorjuust, hakitud habanero pipar, sool ja pipar.
d) Täida iga jalapeño pool toorjuustuseguga.
e) Mähi iga täidetud jalapeño poole peekoniviiluga ja kinnita hambatikuga.
f) Asetage peekonisse mähitud jalapeño poppers ettevalmistatud ahjuplaadile.
g) Küpseta eelkuumutatud ahjus 20-25 minutit või kuni peekon on krõbe ja paprika pehme.
h) Võta ahjust välja ja lase enne serveerimist veidi jahtuda.

54.Habanero juustuga täidetud seened

KOOSTISOSAD:
- 12 suurt seeni, varred eemaldatud
- 4 untsi toorjuustu, pehmendatud
- 1 habanero pipar, seemnetest puhastatud ja peeneks hakitud
- 1/4 tassi riivitud parmesani juustu
- 2 spl hakitud värsket peterselli
- Sool ja pipar maitse järgi
- Oliiviõli niristamiseks

JUHISED:
a) Kuumuta ahi temperatuurini 375 °F (190 °C) ja vooderda küpsetusplaat küpsetuspaberiga.
b) Sega kausis pehme toorjuust, hakitud habanero pipar, riivitud parmesani juust, hakitud petersell, sool ja pipar.
c) Tõsta lusikaga toorjuustusegu iga seenekübara süvendisse.
d) Asetage täidetud seened ettevalmistatud ahjuplaadile.
e) Nirista peale oliiviõli ja küpseta eelkuumutatud ahjus 15-20 minutit või kuni seened on pehmed ja juust kuldne ja mulliline.
f) Võta ahjust välja ja lase enne serveerimist veidi jahtuda.

55. Habanero meega glasuuritud kanatiivad

KOOSTISOSAD:
- 2 naela kanatiivad, liigenditest poolitatud, otsad eemaldatud
- Sool ja pipar maitse järgi
- 1 habanero pipar, seemnetest puhastatud ja peeneks hakitud
- 1/4 tassi mett
- 2 spl sojakastet
- 2 spl õunasiidri äädikat
- 1 spl oliiviõli
- Valikuline garneering: hakitud värske koriander või roheline sibul

JUHISED:
a) Kuumuta ahi temperatuurini 400 °F (200 °C) ja vooderda küpsetusplaat alumiiniumfooliumiga.
b) Maitsesta kanatiivad soola ja pipraga, seejärel laota need ühe kihina ettevalmistatud ahjuplaadile.
c) Sega väikeses kausis glasuuri valmistamiseks hakitud habanero pipar, mesi, sojakaste, õunasiidri äädikas ja oliiviõli.
d) Pintselda kanatiibadele habanero meeglasuuriga, kattes need ühtlaselt.
e) Küpseta eelsoojendatud ahjus 40–45 minutit, poole pealt ümber pöörates või kuni tiivad on kuldpruunid ja läbi küpsenud.
f) Võta ahjust välja ja lase enne serveerimist veidi jahtuda.
g) Soovi korral kaunista hakitud värske koriandri või rohelise sibulaga.

PÕHIROOG

56. Habanero glasuuritud kana

KOOSTISOSAD:
- 4 kondita, nahata kanarinda
- Sool ja pipar maitse järgi
- 2 spl oliiviõli
- 2 habanero paprikat, seemnetest puhastatud ja peeneks hakitud
- 3 küüslauguküünt, hakitud
- 1/4 tassi mett
- 2 spl sojakastet
- 1 spl laimimahla
- 1 tl riivitud ingverit
- Kaunistuseks hakitud värsket koriandrit

JUHISED:
a) Maitsesta kanarinnad mõlemalt poolt soola ja pipraga.
b) Kuumuta oliiviõli suurel pannil keskmisel-kõrgel kuumusel. Lisa kanarinnad ja küpseta mõlemalt poolt umbes 5-6 minutit või kuni need on kuldpruunid ja läbiküpsenud. Eemaldage pannilt ja asetage kõrvale.
c) Lisa samale pannile hakitud habanero paprika ja hakitud küüslauk. Küpseta umbes 1-2 minutit, kuni see lõhnab.
d) Sega hulka mesi, sojakaste, laimimahl ja riivitud ingver. Kuumuta keemiseni ja küpseta veel 2–3 minutit, sageli segades, kuni kaste veidi pakseneb.
e) Tõsta kanarinnad tagasi pannile, kattes need ühtlaselt habanero glasuuriga. Küpseta veel 2-3 minutit, lastes maitsetel kokku sulada.
f) Enne serveerimist kaunista hakitud värske koriandriga. Serveeri habanero glasuuritud kana kuumalt koos riisi, kinoa või röstitud köögiviljadega.

57. Vürtsikad Habanero krevetitacod

KOOSTISOSAD:
- 1 nael suured krevetid, kooritud ja tükeldatud
- Sool ja pipar maitse järgi
- 2 spl oliiviõli
- 2 habanero paprikat, seemnetest puhastatud ja peeneks hakitud
- 3 küüslauguküünt, hakitud
- 1/4 tassi hakitud värsket koriandrit
- 1 laimi mahl
- 8 väikest maisi- või jahutortillat
- Valikulised lisandid: hakitud kapsas, tükeldatud avokaado, viilutatud redis, hapukoor, laimiviilud

JUHISED:
a) Maitsesta krevetid soola ja pipraga.
b) Kuumuta oliiviõli suurel pannil keskmisel-kõrgel kuumusel. Lisa krevetid ja küpseta mõlemalt poolt umbes 2–3 minutit või kuni need on roosad ja läbipaistmatud. Eemaldage pannilt ja asetage kõrvale.
c) Lisa samale pannile hakitud habanero paprika ja hakitud küüslauk. Küpseta umbes 1-2 minutit, kuni see lõhnab.
d) Pange keedetud krevetid tagasi pannile ja lisage tükeldatud koriander ja laimimahl. Viska, et krevetid habanero seguga ühtlaselt katta. Küpseta veel 1-2 minutit, aeg-ajalt segades.
e) Soojendage tortillasid kuival pannil või mikrolaineahjus.
f) Jaota vürtsikad habanero krevetid ühtlaselt tortillade vahel. Soovi korral pange peale hakitud kapsas, kuubikuteks lõigatud avokaado, viilutatud redised ja täpike hapukoort.
g) Serveeri habanero krevettide tacosid kuumalt koos laimiviiludega, mida peale pigistada.

58.Habanero veiseliha segades

KOOSTISOSAD:
- 1 nael veise välisfilee, õhukeselt viilutatud
- 2 spl sojakastet
- 1 spl maisitärklist
- 2 spl oliiviõli
- 2 habanero paprikat, seemnetest puhastatud ja õhukesteks viiludeks
- 1 paprika, õhukeselt viilutatud
- 1 sibul, õhukeselt viilutatud
- 2 küüslauguküünt, hakitud
- 1 spl riivitud ingverit
- 2 spl hoisin kastet
- Serveerimiseks keedetud riis või nuudlid
- Kaunistuseks hakitud roheline sibul

JUHISED:
a) Sega kausis viilutatud veiseliha sojakastme ja maisitärklisega. Sega korralikult läbi ja lase ca 15-20 minutit marineerida.
b) Kuumuta suurel pannil või wokis kõrgel kuumusel oliiviõli. Lisa marineeritud veiselihaviilud ja prae segades umbes 2-3 minutit, kuni need on pruunistunud. Eemaldage pannilt ja asetage kõrvale.
c) Lisage samale pannile viilutatud habanero paprika, paprika ja sibul. Prae segades umbes 2-3 minutit, kuni köögiviljad on krõbedad-pehmed.
d) Lisa pannile hakitud küüslauk ja riivitud ingver. Küpseta veel 1-2 minutit, kuni see lõhnab.
e) Tõsta keedetud veiseliha tagasi pannile ja lisa hoisin kaste. Prae kõike segades veel 1-2 minutit, tagades, et veiseliha ja köögiviljad oleksid ühtlaselt kastmega kaetud.
f) Serveerige habanero veiseliha kuumalt keedetud riisi või nuudlite kohal. Enne serveerimist kaunista hakitud rohelise sibulaga.

59. Habanero lasanje

KOOSTISOSAD:
- 9 lasanje nuudlit
- 1 nael veisehakkliha (või soovi korral jahvatatud kalkuniliha)
- 1 sibul, peeneks hakitud
- 3 küüslauguküünt, hakitud
- 1 habanero pipar, seemned eemaldatud ja peeneks hakitud
- 1 purk (14 untsi) kuubikuteks lõigatud tomateid
- 2 tassi tomatikastet
- 1 tl kuivatatud pune
- 1 tl kuivatatud basiilikut
- 1 tl jahvatatud köömneid
- Sool ja pipar maitse järgi
- 2 tassi riivitud mozzarella juustu
- Värsked koriandrilehed kaunistuseks

JUHISED:
a) Kuumuta ahi temperatuurini 375 ° F (190 ° C).
b) Keeda lasanjenuudlid vastavalt pakendi juhistele. Nõruta ja tõsta kõrvale.
c) Küpseta suurel pannil veisehakkliha keskmisel kuumusel pruuniks. Eemaldage liigne rasv.
d) Lisa pannile hakitud sibul, hakitud küüslauk ja hakitud habanero pipar. Prae kuni sibul on läbipaistev ja paprika pehmenenud.
e) Lisa pannile tükeldatud tomatid, tomatikaste, kuivatatud pune, kuivatatud basiilik, jahvatatud köömned, sool ja pipar. Sega hästi kokku.
f) Hauta segu umbes 10 minutit, lastes maitsetel kokku sulada.
g) Määri rasvainega määritud 9x13-tollisse ahjuvormi kiht lihakastet. Kõige peale laota kiht keedetud lasanjenuudleid. Korda kihte, lõpetades kihi lihakastmega.
h) Puista rebitud mozzarella juust ühtlaselt ülemisele kastmekihile.
i) Kata ahjuvorm fooliumiga ja küpseta eelsoojendatud ahjus 25 minutit. Seejärel eemaldage foolium ja küpsetage veel 10 minutit või kuni juust on sulanud ja mullitav.
j) Võta ahjust välja ja lase enne serveerimist paar minutit jahtuda.
k) Kaunista värskete koriandrilehtedega ja serveeri Habanero lasanjet soojalt.

60. Cilantrito (Cilantro Burrito)

KOOSTISOSAD:
- ½ naela Kuiv must uba
- ½ naela Kuivad pintooad
- ½ naela Kuivad oad
- 30 tortilla koort
- 10 sibulat; hakitud
- ¾ naela seened; hakitud
- 2 Cubanelle paprikat; hakitud
- ½ pakki Täistera kuskussi; keedetud
- Habanero baasil kuum kaste
- Sidrunimahl
- Punase pipra pasta või tabasco
- Koriander
- 1 spl Habanero kastet
- 2 supilusikatäit punase pipra pasta
- 1 spl köömneid
- 1 supilusikatäis sidrunimahla
- 1 spl Võid

JUHISED:
a) Leota ube üleöö, keeda pehmeks.
b) Lisa habanero kaste, punase pipra pasta, köömned ja sidrunimahl.
c) Lisa suurele teflonpannile: lisa 1 sl võid/
d) Kuumuta, seejärel küpseta selles seened ja kubanellid.
e) Hankige eraldi segamisnõud seente/pipra jaoks; talisibul; koriander, kuskuss ja veel üks vee jaoks ja üks oasegude jaoks.
f) Võtke tortilla, hoidke seda 35 sekundit kõrgel temperatuuril. Võtke see välja, asetage puidust lihunik, määrige veega, keerake ümber, määrige veega. Kasutan mõlemal küljel peopesatäie vett.
g) Nüüd asetage 2-3 kuhjaga teelusikatäit uba ühest servast ⅓ kaugusele.
h) Lisage 1 tl koriandrit, talisibulat, seeni ja 1 spl. kuskuss. Keera üks kord ümber, murra servad üle, lõpeta rulli.

61. Grillitud köögiviljad Pipián Dipiga

KOOSTISOSAD:

SUPPMISEKS:
- 1 habanero, vars eemaldatud
- 4 küüslauguküünt, kooritud
- 3 punast paprikat (igaüks 5¼ untsi/300 g), eemaldatud varred ja seemned
- 2 suurt pärandtomatit või tomatit viinapuul (14 untsi/400 g)
- 1 viil juuretisega leiba
- ½ tassi (120 ml) viinamarjaseemneõli
- ½ tassi (120 ml) oliiviõli
- 1 tass (140 g) tooreid mandleid, kergelt röstitud pliidiplaadil pannil
- ¼ tassi (60 ml) punase veini äädikat
- 2 tl meresoola

KÖÖGIVILJADE KOHTA:
- 8 untsi (225 g) pärandporgandit, lõigatud ja kooritud
- ½ kollast kõrvitsat, puitunud nub ära lõigatud
- 8 untsi (225 g) sparglit, puitunud tükid on ära lõigatud
- 8 untsi (225 g) calabacita (Mehhiko suvikõrvits; võib asendada suvikõrvitsat), neljaks lõigatud
- ¼ tassi (60 ml) oliiviõli
- 1 spl meresoola
- 1 spl värskelt jahvatatud musta pipart

JUHISED:

a) Käivitage söe- või gaasigrill. Gaas tuleks seada kõrgele. Kui kasutate pelletigrilli, eelsoojendage grill vähemalt 15 minutiks temperatuurini 425 °F (220 °C). Süsi kasutamisel peaksid söed olema punased, kuid üleni halli tuhaga kaetud.

b) Tee kastmine: mähkige habanero ja küüslauk ruudukujulisse alumiiniumfooliumilehte. Asetage paprika, tomatid ja leib otse grillile koos pakitud habanero ja küüslauguga. Grillige leiba, kuni see on söestunud, umbes minut või kaks mõlemalt poolt. Grillige paprikat ja tomateid umbes 10 minutit, pidevalt keerates, kuni need on söestunud. Habanero ja küüslauk pehmenevad umbes 10 minuti pärast. Eemaldage grillilt ja asetage kõrvale.

c) Sega köögikombainis habanero, küüslauk, paprika, tomatid, leib, viinamarjaseemne- ja oliiviõlid, mandlid, äädikas ja sool, kuni tekstuur on nagu pasta.
d) Valmistage köögiviljad ette: visake suures kausis porgand, kollane squash, spargel ja calabacita oliiviõli, soola ja pipraga.
e) Asetage köögiviljad otse grillile ja grillige neid umbes 10 minutit, pidevalt pöörates, kuni need on söestunud.
f) Serveerige köögivilju soojalt koos dipikastmega küljel.

62. Habanero grillribid

KOOSTISOSAD:
- 2 resti searibi
- Sool ja pipar maitse järgi
- 2 spl oliiviõli
- 2 habanero paprikat, seemnetest puhastatud ja peeneks hakitud
- 3 küüslauguküünt, hakitud
- 1 tass BBQ-kastet
- 1/4 tassi mett
- 2 spl õunasiidri äädikat
- 1 spl Worcestershire'i kastet
- Kaunistuseks hakitud värsket koriandrit

JUHISED:
a) Kuumuta ahi temperatuurini 325 °F (165 °C).
b) Maitsesta searibide restid mõlemalt poolt soola ja pipraga.
c) Kuumuta pannil oliiviõli keskmisel kuumusel. Lisa hakitud habanero paprika ja hakitud küüslauk ning prae 1-2 minutit, kuni need lõhnavad.
d) Segage BBQ-kaste, mesi, õunasiidri äädikas ja Worcestershire'i kaste. Hauta 2-3 minutit, seejärel eemalda tulelt.
e) Aseta maitsestatud ribid alumiiniumfooliumiga kaetud ahjuplaadile. Pintselda habanero BBQ-kastmega ohtralt ribisid, jättes osa ribidele.
f) Kata ribid teise alumiiniumfooliumilehega ja küpseta eelkuumutatud ahjus 2-2,5 tundi või kuni liha on pehme ja tõmbub kontide küljest lahti.
g) Eemalda ülemine fooliumikiht ja määri ribid ülejäänud habanero BBQ-kastmega. Tõstke ahju temperatuur 200 °C-ni ja küpsetage veel 10-15 minutit või kuni kaste on karamelliseerunud ja kleepuv.
h) Enne serveerimist kaunista hakitud värske koriandriga. Serveerige habanero BBQ ribisid kuumalt koos oma lemmiklisanditega.

63. Habanero Mac ja juust

KOOSTISOSAD:
- 8 oz küünarnukist makaronid või pasta teie valikul
- 4 spl soolata võid
- 1/4 tassi universaalset jahu
- 2 tassi piima
- 2 tassi hakitud teravat cheddari juustu
- 1 habanero pipar, seemnetest puhastatud ja peeneks hakitud
- Sool ja pipar maitse järgi
- 1/2 tassi riivsaia
- Kaunistuseks hakitud värsket peterselli

JUHISED:
a) Kuumuta ahi temperatuurini 350 °F (175 °C) ja määri küpsetusvorm rasvaga.
b) Küpseta küünarnuki makaronid vastavalt pakendi juhistele al dente'iks. Nõruta ja tõsta kõrvale.
c) Potis sulatage keskmisel kuumusel või. Sega juurde jahu ja küpseta 1-2 minutit, et tekiks roux.
d) Vahusta piim järk-järgult ühtlaseks ja paksemaks.
e) Sega hulka riivitud Cheddari juust, kuni see on sulanud ja ühtlane.
f) Lisage juustukastmele hakitud habanero pipart, soola ja pipart, reguleerides kuumust vastavalt oma eelistustele.
g) Kombineeri keedetud makaronid habanero juustukastmega ja tõsta seejärel ettevalmistatud ahjuvormi.
h) Puista riivsaia maci ja juustu peale.
i) Küpseta eelkuumutatud ahjus 25-30 minutit või kuni riivsai on kuldpruun ja juust kihisev.
j) Enne serveerimist kaunista hakitud värske peterselliga. Serveeri habanero maci ja juustu kuumalt maitsva ja vürtsika pearoana.

64. Habanero sealiha praadimine

KOOSTISOSAD:
- 1 nael sea sisefilee, õhukeselt viilutatud
- Sool ja pipar maitse järgi
- 2 spl sojakastet
- 1 spl maisitärklist
- 2 spl oliiviõli
- 2 habanero paprikat, seemnetest puhastatud ja õhukesteks viiludeks
- 1 punane paprika, õhukeselt viilutatud
- 1 kollane paprika, õhukeselt viilutatud
- 1 sibul, õhukeselt viilutatud
- 2 küüslauguküünt, hakitud
- 1 spl riivitud ingverit
- 2 spl hoisin kastet
- Serveerimiseks keedetud riis
- Kaunistuseks hakitud roheline sibul

JUHISED:
a) Sega kausis viilutatud sealiha sojakastme ja maisitärklisega. Sega korralikult läbi ja lase ca 15-20 minutit marineerida.
b) Kuumuta suurel pannil või wokis kõrgel kuumusel oliiviõli. Lisa marineeritud sealihaviilud ja prae segades umbes 2-3 minutit, kuni need on pruunistunud. Eemaldage pannilt ja asetage kõrvale.
c) Lisage samale pannile viilutatud habanero paprika, paprika ja sibul. Prae segades umbes 2-3 minutit, kuni köögiviljad on krõbedad-pehmed.
d) Lisa pannile hakitud küüslauk ja riivitud ingver. Küpseta veel 1-2 minutit, kuni see lõhnab.
e) Tõsta keedetud sealiha tagasi pannile ja lisa hoisin kaste. Prae kõike segades veel 1-2 minutit, tagades, et sealiha ja köögiviljad oleksid ühtlaselt kastmega kaetud.
f) Serveerige habanero sealiha kuumalt keedetud riisi kohal. Enne serveerimist kaunista hakitud rohelise sibulaga.

65. Habanero Veggie Fajitas

KOOSTISOSAD:
- 2 spl oliiviõli
- 2 paprikat (mis tahes värvi), õhukeselt viilutatud
- 1 suur sibul, õhukeselt viilutatud
- 2 habanero paprikat, seemnetest puhastatud ja õhukesteks viiludeks
- 1 tl jahvatatud köömneid
- 1 tl tšillipulbrit
- Sool ja pipar maitse järgi
- 8 väikest jahutortillat
- Valikulised lisandid: salsa, guacamole, hapukoor, riivitud juust, hakitud koriander

JUHISED:
a) Kuumuta oliiviõli suurel pannil keskmisel-kõrgel kuumusel. Lisage pannile viilutatud paprika, sibul ja habanero paprika.
b) Puista köögiviljadele jahvatatud köömned, tšillipulber, sool ja pipar. Prae segades umbes 5-7 minutit, kuni köögiviljad on pehmed ja kergelt karamelliseerunud.
c) Soojenda jahutortiljad kuival pannil või mikrolaineahjus.
d) Jaota keedetud köögiviljad ühtlaselt tortillade vahel.
e) Serveerige habanero veggie fajitas kuumalt koos teie valitud lisanditega, nagu salsa, guacamole, hapukoor, riivitud juust ja hakitud koriander.

MAGUSTOIT

66.Vürtsikad Mango Habanero jäätisevõileivad

KOOSTISOSAD:
- 1 ½ tassi universaalset jahu
- ½ tl söögisoodat
- ¼ teelusikatäit soola
- ½ tassi soolamata võid, pehmendatud
- ½ tassi granuleeritud suhkrut
- ½ tassi pakitud pruuni suhkrut
- 1 suur muna
- 1 tl vaniljeekstrakti
- 1 küps mango, kooritud ja kuubikuteks lõigatud
- 1 habanero pipar, seemnetest puhastatud ja hakitud
- 1-pint mango- või vaniljejäätist

JUHISED:
a) Kuumuta ahi temperatuurini 375 °F (190 °C) ja vooderda küpsetusplaat küpsetuspaberiga.
b) Vahusta kausis jahu, sooda ja sool.
c) Vahusta eraldi segamisnõus pehme või, granuleeritud suhkur ja pruun suhkur heledaks ja kohevaks vahuks. Lisa muna ja vaniljeekstrakt ning sega ühtlaseks seguks.
d) Lisa vähehaaval võisegule kuivained ja sega ühtlaseks massiks. Sega juurde tükeldatud mango ja hakitud habanero pipar.
e) Tõsta ümarad supilusikatäied tainast ettevalmistatud küpsetusplaadile, asetades need üksteisest umbes 2 tolli kaugusele. Tasandage iga taignapall peopesaga veidi.
f) Küpseta 10-12 minutit või kuni servad on kuldpruunid. Lase küpsistel täielikult jahtuda.
g) Võtke kulbitäis mango- või vanillijäätist ja asetage see kahe küpsise vahele.
h) Asetage jäätisevõileivad enne serveerimist vähemalt 1 tunniks sügavkülma tahenema.

67. Habanero ja Colby Jack Flan

KOOSTISOSAD:
- 1 9-tolline hapukoor
- 1 tass rasket koort
- ½ tassi täispiima
- ¾ tassi riivitud Colby jack juustu
- 4 suurt muna
- 1 habanero pipar, seemnetest puhastatud ja peeneks hakitud

JUHISED:
a) Kuumuta ahi temperatuurini 350 ° F. Vahusta suures segamiskausis koor, piim, riivitud Colby jacki juust, munad ja peeneks hakitud habanero pipar.
b) Vala segu ettevalmistatud hapukoorele ja küpseta 40-45 minutit või kuni keskosa on tahenenud. Lase enne serveerimist täielikult jahtuda.

68. Habanero laimi koogid kookoskreemi ja ananassiga

KOOSTISOSAD:
- 2 tassi universaalset jahu
- ¼ tassi granuleeritud suhkrut
- 2 tl küpsetuspulbrit
- ½ tl soola
- 1 habanero pipar, seemned eemaldatud ja peeneks hakitud
- 2 laimi koor
- ½ tassi soolata võid, külm ja lõika väikesteks tükkideks
- ⅔ tassi piima
- 1 tass rasket koort
- 2 spl tuhksuhkrut
- ½ tl vaniljeekstrakti
- 1 tass kuubikuteks lõigatud ananassi

JUHISED:
a) Kuumuta ahi temperatuurini 425 °F (220 °C). Vooderda ahjuplaat küpsetuspaberiga.
b) Vahusta suures kausis jahu, suhkur, küpsetuspulber, sool, hakitud habanero pipar ja laimikoor.
c) Lisa külm või kuivainetele ja lõika kondiitrilõikuri või näppudega, kuni segu meenutab jämedat puru.
d) Vala õrnalt segades vähehaaval juurde piim, kuni tainas kokku tuleb.
e) Tõsta tainas kergelt jahusele pinnale ja sõtku seda paar korda ühtlaseks. Rulli tainas umbes ½ tolli paksuseks.
f) Lõika ümmarguse küpsisevormi abil koogid välja ja aseta need ettevalmistatud ahjuplaadile.
g) Küpseta umbes 12-15 minutit või kuni kuldpruunini. Laske neil täielikult jahtuda.
h) Vahusta vahukoor jahutatud kausis, kuni moodustuvad pehmed tipud. Sega juurde tuhksuhkur ja vaniljeekstrakt.
i) Jaga koogid horisontaalselt pooleks. Tõsta igale alumisele poolele lusikaga kuubikuteks lõigatud ananass.
j) Tõsta peale kookoskreemi nukk ja aseta peale teine pool. Serveeri ja naudi.

69.Habanero šokolaaditrühvlid

KOOSTISOSAD:
- 8 untsi tumedat šokolaadi, peeneks hakitud
- 1/2 tassi rasket koort
- 1 habanero pipar, poolitatud ja seemned eemaldatud
- Katteks kakaopulber või tuhksuhkur

JUHISED:
a) Kuumuta väikeses potis koort ja habanero pipart keskmisel kuumusel, kuni see hakkab lihtsalt podisema. Tõsta tulelt ja lase paprikal umbes 10 minutit koores tõmmata.
b) Kurna koor, et eemaldada habanero piprapoolikud, seejärel tõsta see tagasi kastrulisse ja kuumuta, kuni see hakkab lihtsalt podisema.
c) Pane tükeldatud tume šokolaad kuumakindlasse kaussi. Vala kuum koor šokolaadile ja lase 1-2 minutit seista.
d) Sega šokolaad ja koor omavahel ühtlaseks ja hästi segunevaks.
e) Kata kauss kilega ja pane külmkappi 2-3 tunniks või kuni segu on käsitsemiseks piisavalt tugev.
f) Pärast jahutamist võtke lusika või melonipalliga šokolaadisegust välja osad ja veeretage need pallideks.
g) Veereta trühvleid katteks kakaopulbris või tuhksuhkrus.
h) Hoidke habanero šokolaaditrühvleid kuni serveerimiseni külmkapis.

70. Habanero ananassisorbett

KOOSTISOSAD:
- 2 tassi ananassi tükke (värsked või konserveeritud)
- 1/2 tassi suhkrut
- 1 laimi mahl
- 1 habanero pipar, seemnetest puhastatud ja peeneks hakitud
- 1/4 tassi vett

JUHISED:
a) Sega segistis ananassitükid, suhkur, laimimahl, habanero pipar ja vesi.
b) Blenderda ühtlaseks.
c) Valage segu madalasse nõusse ja külmutage 2-3 tundi, segades iga 30 minuti järel kahvliga, et jääkristallid puruneksid.
d) Kui sorbett on külmunud ja on lörtsise konsistentsiga, viige see õhukindlasse anumasse ja külmutage veel 1–2 tundi, et see tahkuks.
e) Serveeri habanero ananassisorbetti kaussides või klaasides, kaunistades soovi korral värske ananassi viilu või laimiviiluga.

71. Habanero šokolaadiküpsised

KOOSTISOSAD:
- 1 tass universaalset jahu
- 1/2 tl söögisoodat
- 1/4 teelusikatäit soola
- 1/2 tassi soolamata võid, pehmendatud
- 1/2 tassi granuleeritud suhkrut
- 1/4 tassi pruuni suhkrut
- 1 muna
- 1 tl vaniljeekstrakti
- 1 habanero pipar, seemnetest puhastatud ja peeneks hakitud
- 1 tass poolmagusaid šokolaaditükke

JUHISED:
a) Kuumuta ahi temperatuurini 350 °F (175 °C) ja vooderda küpsetusplaat küpsetuspaberiga.
b) Vahusta väikeses kausis jahu, sooda ja sool. Kõrvale panema.
c) Vahusta suures segamiskausis pehme või, granuleeritud suhkur ja pruun suhkur heledaks ja kohevaks.
d) Klopi hulka muna ja vaniljeekstrakt, kuni see on hästi segunenud.
e) Lisa kuivained järk-järgult märgadele koostisosadele, sega kuni moodustub tainas.
f) Voldi sisse hakitud habanero pipar ja poolmagusad šokolaaditükid, kuni need jaotuvad ühtlaselt kogu tainas.
g) Tõstke lusikatäied tainast ettevalmistatud küpsetusplaadile, asetades need üksteisest umbes 2 tolli kaugusele.
h) Küpseta eelkuumutatud ahjus 10-12 minutit või kuni servad on kuldpruunid.
i) Lase küpsistel mõni minut küpsetusplaadil jahtuda, enne kui tõstad need restile täielikult jahtuma.

72. Habanero tagurpidi ananassi kook

KOOSTISOSAD:
- 1/4 tassi soolamata võid
- 1/2 tassi pruuni suhkrut
- 1 habanero pipar, õhukeselt viilutatud
- 1 tass ananassi tükid (värsked või konserveeritud)
- 1 tass universaalset jahu
- 1 tl küpsetuspulbrit
- 1/4 teelusikatäit soola
- 1/2 tassi soolamata võid, pehmendatud
- 3/4 tassi granuleeritud suhkrut
- 2 muna
- 1 tl vaniljeekstrakti
- 1/4 tassi piima

JUHISED:
a) Kuumuta ahi temperatuurini 350 °F (175 °C). Määri 9-tolline ümmargune koogivorm.
b) Sulata väikeses kastrulis keskmisel kuumusel 1/4 tassi soolata võid. Segage pruuni suhkrut kuni lahustumiseni.
c) Vala või ja suhkru segu võiga määritud koogivormi põhja.
d) Laota või-suhkrusegu peale ühtlase kihina viilutatud habanero pipra ja ananassi tükid.
e) Sega keskmises kausis omavahel jahu, küpsetuspulber ja sool. Kõrvale panema.
f) Vahusta suures segamiskausis pehme või ja granuleeritud suhkur heledaks ja kohevaks vahuks.
g) Klopi ükshaaval sisse munad, seejärel vaniljeekstrakt.
h) Lisa kuivained järk-järgult märgadele koostisosadele vaheldumisi piimaga ja sega ühtlaseks.
i) Vala koogitainas koogivormi ananassi- ja habanerokihile, aja see ühtlaselt laiali.
j) Küpseta eelkuumutatud ahjus 30-35 minutit või kuni keskele torgatud hambaork tuleb puhtana välja.
k) Lase koogil 10 minutit pannil jahtuda, seejärel kummuta see serveerimistaldrikule.
l) Serveeri tagurpidi habanero ananassi kook soojalt või toatemperatuuril.

73. Habanero šokolaadivaht

KOOSTISOSAD:
- 6 untsi tumedat šokolaadi, tükeldatud
- 2 habanero paprikat, poolitatud ja seemned eemaldatud
- 1 tass rasket koort
- 2 supilusikatäit granuleeritud suhkrut
- 1 tl vaniljeekstrakti
- Kaunistuseks vahukoor ja šokolaadilaastud (valikuline)

JUHISED:
a) Pane tükeldatud tume šokolaad kuumakindlasse kaussi.
b) Kuumuta väikeses potis koort ja habanero paprikat keskmisel kuumusel, kuni see hakkab lihtsalt podisema. Tõsta tulelt ja lase paprikatel umbes 10 minutit koores tõmmata.
c) Kurna koor, et eemaldada habanero piprapoolikud, seejärel tõsta see tagasi kastrulisse ja kuumuta, kuni see hakkab lihtsalt podisema.
d) Vala kuum koor tükeldatud šokolaadile ja lase 1-2 minutit seista.
e) Sega šokolaad ja koor omavahel ühtlaseks ja hästi segunevaks. Laske segul jahtuda toatemperatuurini.
f) Vahusta koor eraldi kausis granuleeritud suhkru ja vaniljeekstraktiga, kuni moodustuvad tugevad piigid.
g) Sega vahukoor õrnalt jahtunud šokolaadisegu hulka, kuni see on täielikult segunenud.
h) Jaga mousse serveerimisklaasidesse ja pane külmkappi vähemalt 2 tunniks või kuni tardumiseni.
i) Enne serveerimist kaunista soovi korral vahukoore ja šokolaadilaastudega.

74.Habanero mango jäätis

KOOSTISOSAD:
- 2 tassi küpseid mangotükke (värsked või külmutatud)
- 1 habanero pipar, seemnetest puhastatud ja peeneks hakitud
- 1 tass rasket koort
- 1/2 tassi magustatud kondenspiima
- 1 tl vaniljeekstrakti
- Näputäis soola

JUHISED:
a) Aseta mangotükid ja hakitud habanero pipar blenderisse või köögikombaini. Blenderda ühtlaseks.
b) Sega kausis kokku mangopüree, koor, magustatud kondenspiim, vaniljeekstrakt ja sool, kuni need on hästi segunenud.
c) Vala segu jäätisemasinasse ja klopi vastavalt tootja juhistele, tavaliselt umbes 20-25 minutit.
d) Tõsta klopitud jäätis sügavkülmakindlasse anumasse ja pane sügavkülma vähemalt 4 tunniks või kuni see on tahke.
e) Serveeri habanero mango jäätiselusikaid kaussides või torbikutes ning naudi magusaid ja vürtsikaid maitseid.

75. Habanero laimipirukabatoonid

KOOSTISOSAD:
- 1 1/2 tassi grahami kreekeripuru
- 1/4 tassi granuleeritud suhkrut
- 1/2 tassi soolata võid, sulatatud
- 1 purk (14 untsi) magustatud kondenspiima
- 3 suurt munakollast
- 2 laimi koor
- 1/2 tassi värsket laimimahla
- 1 habanero pipar, seemnetest puhastatud ja peeneks hakitud
- Katmiseks vahukoor (valikuline)

JUHISED:
a) Kuumuta ahi temperatuurini 350 °F (175 °C). Määri 9x9-tolline küpsetusvorm.
b) Segage segamisnõus Grahami kreekeripuru, granuleeritud suhkur ja sulatatud või. Suru segu ettevalmistatud ahjuvormi põhja.
c) Küpseta koorikut eelsoojendatud ahjus 10 minutit. Võta ahjust välja ja lase veidi jahtuda.
d) Vahusta teises segamiskausis magustatud kondenspiim, munakollased, laimikoor, laimimahl ja hakitud habanero pipar ühtlaseks massiks.
e) Vala laimisegu küpsenud koorikule ja aja ühtlaselt laiali.
f) Tõsta pann tagasi ahju ja küpseta veel 15-20 minutit või kuni täidis on tahenenud.
g) Laske habanero laimipirukabatoonidel toatemperatuurini jahtuda, seejärel jahutage vähemalt 2 tundi või kuni need on jahtunud ja kõvad.
h) Lõika ruutudeks ja serveeri soovi korral vahukoorega.

MAITSED

76. Habanero mesi

KOOSTISOSAD:
- Hea kvaliteediga mesi
- Habanero tšillid, viilutatud ja seemnetega

JUHISED:
a) Pange hea kvaliteediga mesi steriliseeritud purkidesse ja lükake sisse nii palju habanerosid, kui soovite.
b) Eemaldage kõik õhumullid.
c) Keerake gaaside vabastamiseks korrapäraselt korgid lahti ja segage.

77. Habanero Seamoss Salsa

KOOSTISOSAD:
"Sibulapasta"
- ¼ keskmist punast sibulat, hakitud
- 1 supilusikatäis värsket jalapeñot,
- ¼ tassi koriandrit, tükeldatud
- 1 tl küüslaugupastat
- ½ tl meresoola
- ¼ tl köömne pulbrit

SALSA KOOSTISOSAD
- 2 tassi värskeid tomateid, tükeldatud
- 2 tl laimimahla
- ¼ teelusikatäit agaavinektarit
- 1 supilusikatäis meresamblageeli
- 1 väike tükk habanero pipart

JUHISED:
a) Esiteks valmistame oma "sibulapasta". See aitab salsal saavutada maksimaalse maitse. Loputage ja tükeldage sibul, jalapeño ja koriander suures kausis või lõikelaual. Seejärel lisage küüslaugupasta ning puistake kõikidele koostisosadele meresoola ja köömneid.

b) Püreerige koostisained tugeva kahvli või kartulimasinaga nii palju kui võimalik, kuni see moodustab mõnevõrra paksu pasta.

c) Seejärel haarake köögikombain ja lisage oma tomatid, pasta, laimimahl, agaavinektar, samblageel ja väike tükk habanero pipart.

d) Blenderda köögikombainis mitte kauem kui 1 minut, kuni kõik koostisosad on täielikult segunenud. Serveeri kohe koos tortillakrõpsudega või vegan tacode peal!

e) Seda Vegan Salsat saab ette valmistada ja see säilib külmkapis umbes 5–7 päeva. See EI külmuta hästi.

78. Ananassi-Habanero marmelaad

KOOSTISOSAD:
- 1 keskmine ananass, kooritud ja südamikuga 2 habanero tšillit, õhukeselt viilutatud
- 1 tass suhkrut
- 2 laimi mahl ja riivitud koor
- ¾ tl koššersoola
- 3 supilusikatäit valget äädikat

JUHISED:
a) Riivi ananass suurde kaussi seatud kastriivi suurtel aukudel. Broneerige mahl.
b) Segage ananass ja selle mahl suures kastrulis tšilli, suhkru, laimimahla ja soolaga. Kuumuta keskmisel kuumusel keemiseni, seejärel alanda kuumust, et keetmist hoida ja lisa äädikas. Küpseta aeg-ajalt segades, kuni segu on piisavalt paks, et katta lusika tagaosa, 8–10 minutit. Tõsta tulelt, sega hulka laimikoor ja lase jahtuda.
c) Külmkapis õhukindlas anumas hoituna säilib marmelaad kuni 1 nädal.

79.Ingveri Habanero greibi marmelaad

KOOSTISOSAD:
- 4 roosat greipi
- 1 habanero pipar, peeneks hakitud (kandke kindaid)
- 2 spl värsket ingverit, riivitud
- 6 tassi suhkrut
- 6 tassi vett

JUHISED:
a) Pese ja viiluta greibid õhukesteks viiludeks.
b) Sega potis greibiviilud, hakitud habanero, riivitud ingver, suhkur ja vesi. Hauta, kuni koored on pehmed.
c) Keeda kiiresti, kuni saavutatakse seadistuspunkt.
d) Valage steriliseeritud purkidesse, sulgege ja jahutage.

80. Mango Habanero marmelaad

KOOSTISOSAD:
- 3 suurt küpset mangot, kooritud ja kuubikuteks lõigatud
- 1-2 habanero paprikat, peeneks hakitud (maitse järgi)
- 4 laimi, mahl ja koor
- 6 tassi suhkrut
- 6 tassi vett

JUHISED:
a) Sega potis kuubikuteks lõigatud mangod, hakitud habanero paprika, laimimahl ja -koor, suhkur ja vesi. Hauta, kuni mangod on pehmed.
b) Keeda kiiresti, kuni saavutatakse seadistuspunkt.
c) Valage steriliseeritud purkidesse, sulgege ja jahutage.

81. Vaarika Habanero piparmündimarmelaad

KOOSTISOSAD:
- 3 tassi värskeid või külmutatud vaarikaid
- 2 habanero paprikat, peeneks hakitud
- 1/4 tassi värskeid piparmündi lehti, hakitud
- 6 tassi suhkrut
- 6 tassi vett

JUHISED:
a) Sega potis vaarikad, tükeldatud habanero paprika, tükeldatud piparmündilehed, suhkur ja vesi. Hauta, kuni vaarikad lagunevad.
b) Keeda kiiresti, kuni saavutatakse seadistuspunkt.
c) Valage steriliseeritud purkidesse, sulgege ja jahutage.

82. Salsa De Piña Tatemada

KOOSTISOSAD:
- 3 küüslauguküünt, kooritud
- 1 suur punane sibul (10½ untsi/300 g), hakitud
- 1 keskmine ananass, kooritud, puhastatud südamikust ja lõigatud ¾ tolli paksusteks (2 cm) viiludeks
- 2 habanero tšillit, varred eemaldatud
- 2 spl värsket laimimahla
- 1 tl meresoola, lisaks vajadusel rohkem
- ¼ tassi (60 ml) oliiviõli
- ½ tassi (25 g) hakitud värsket lehtpeterselli

JUHISED:
a) Käivitage söe- või gaasigrill. Gaas peaks olema kõrgel tasemel. Kui kasutate pelletigrilli, eelsoojendage grill vähemalt 15 minutiks temperatuurini 425 °F (220 °C). Süsi kasutamisel peaksid söed olema punased, kuid üleni halli tuhaga kaetud.

b) Mähi küüslauk ja punane sibul eraldi alumiiniumfooliumi pakkidesse. Asetage need grillile, kuni küüslauk ja sibul on pehmenenud, umbes 15–20 minutit.

c) Vahepeal aseta ananassiviilud ja habanerod otse grillile. Küpseta, kuni ananass on mõlemalt poolt ühtlaselt söestunud ja ka habanerode nahk on ühtlaselt söestunud, umbes 5–10 minutit. Pöörake iga 2–4 minuti järel ühtlaseks küpsetamiseks. Kui söestunud, eemalda kõik grillilt.

d) Lõika grillitud ananass lõikelaual 6 mm (¼ tolli) kuubikuteks. Sega serveerimiskausis ananass grillitud sibula ja laimimahlaga. Reserv.

e) Lisage molcajete'le sool ja küüslauk ning jahvatage, kuni küüslauk on pastaks lahustunud. Seejärel lisage aeglaselt habaneros ja oliiviõli, jätkates jahvatamist, kuni teil on pasta.

f) Lisage habanero pasta ananassi ja sibula kaussi, lisage parley ja segage. Maitsesta soola järele, lisa vastavalt vajadusele ja serveeri.

83.Ingveri-Habanero porgandikurk

KOOSTISOSAD:
- 12 untsi (või nii) porgandit
- 4 habanerot
- 2 untsi värsket ingverit, pestud ja viilutatud õhukesteks müntideks
- 1 supilusikatäis musta sinepiseemneid (või mis tahes sinepiseemneid)
- ½ tl musta pipart
- 1 tass destilleeritud valget äädikat
- 1 tass vett
- ¼ tl peent meresoola
- Varustus 1-kvartne kaane ja keskmise kastruliga masonpurk

JUHISED:
a) Peske 1-liitrine masonpurk põhjalikult kuuma veega (nõudepesumasin sobib suurepäraselt purgi desinfitseerimiseks). Võite selle ka keeta, kui soovite olla kindel, et teie purk on täielikult desinfitseeritud.

b) Pese porgandid (ma ei viitsi neid koorida), siis lõika ära varred või varreots ja eemalda kõik väljaulatuvad karvased kiud. Viilutage porgandid umbes ½ tolli paksusteks kangideks, seejärel lõigake pikad, nii et need mahuksid mugavalt purki. Lõika noaotsaga habanerose õieotsa (teise nimega mitte varre otsa) väike "X" ja visake varred ära.

c) Asetage ingver, habaneros, sinepiseemned ja pipraterad müüripurki. Lisa porgandipulgad, surudes neid vajadusel tihedalt sisse, veendumaks, et need kõik sobivad.

d) Kuumuta keskmises kastrulis äädikas, vesi ja sool keemiseni. Tõsta tulelt ja vala kuum vedelik otse purki. Kui porgandid ei ole täielikult vee all, võite seda valada veidi rohkem äädikat, kuni need on kaetud. Laske vedelikul soojeneda toatemperatuurini, sulgege kaas ja asetage külmkappi.

e) Hapukurki võib süüa kohe, kuid see on parem 24 tunni pärast ja parimal juhul alates 3. päevast.

84. Habanero mango salsa

KOOSTISOSAD:
- 2 küpset mangot, tükeldatud
- 1 habanero pipar, seemnetest puhastatud ja peeneks hakitud
- 1/4 tassi punast sibulat, peeneks hakitud
- 1/4 tassi värsket koriandrit, hakitud
- 1 laimi mahl
- Soola maitse järgi

JUHISED:
a) Sega kausis kuubikuteks lõigatud mangod, hakitud habanero pipar, hakitud punane sibul, hakitud koriander ja laimimahl.
b) Sega hästi kokku.
c) Maitsesta maitse järgi soolaga.
d) Kata kaanega ja hoia enne serveerimist vähemalt 30 minutit külmkapis, et maitsed sulaksid.

85. Habanero Aioli

KOOSTISOSAD:
- 1/2 tassi majoneesi
- 1 spl sidrunimahla
- 1 küüslauguküüs, hakitud
- 1 habanero pipar, seemnetest puhastatud ja peeneks hakitud
- Sool ja pipar maitse järgi

JUHISED:
a) Vahusta väikeses kausis majonees, sidrunimahl, hakitud küüslauk ja hakitud habanero pipar, kuni need on hästi segunenud.
b) Maitsesta soola ja pipraga maitse järgi.
c) Kata kaanega ja hoia enne serveerimist vähemalt 30 minutit külmkapis, et maitsed areneksid.

86. Habanero moos

KOOSTISOSAD:
- 10 habanero paprikat, varred ja tükeldatud
- 2 tassi granuleeritud suhkrut
- 1 tass õunasiidri äädikat
- 1 sidruni mahl
- 1 sidruni koor
- 1/4 teelusikatäit soola

JUHISED:
a) Sega potis tükeldatud habanero paprika, granuleeritud suhkur, õunasiidri äädikas, sidrunimahl, sidrunikoor ja sool.
b) Kuumuta segu keskmisel-kõrgel tulel keemiseni, aeg-ajalt segades.
c) Alanda kuumust ja lase segul podiseda umbes 15-20 minutit või kuni see pakseneb moositaoliseks konsistentsiks.
d) Tõsta tulelt ja lase habanero moosil veidi jahtuda.
e) Tõsta moos steriliseeritud purkidesse ja lase enne sulgemist täielikult jahtuda.
f) Hoida külmkapis. Habanero moos säilib mitu nädalat.

87. Habanero küüslauguvõi

KOOSTISOSAD:
- 1/2 tassi soolamata võid, pehmendatud
- 2 habanero paprikat, seemnetest puhastatud ja peeneks hakitud
- 3 küüslauguküünt, hakitud
- 1 spl hakitud värsket peterselli
- 1 tl sidrunimahla
- Soola maitse järgi

JUHISED:
a) Sega väikeses kausis pehme või, hakitud habanero paprika, hakitud küüslauk, hakitud värske petersell ja sidrunimahl.
b) Sega hästi, kuni kõik koostisosad on ühtlaselt segunenud.
c) Maitsesta maitse järgi soolaga.
d) Tõsta habanero küüslauguvõi väikesele serveerimisnõule.
e) Serveeri habanero küüslauguvõid toatemperatuuril grillitud steigi, mereandide või köögiviljadega.

88.Habanero ananassi chutney

KOOSTISOSAD:
- 2 tassi kuubikuteks lõigatud ananassi
- 1 habanero pipar, seemnetest puhastatud ja peeneks hakitud
- 1/4 tassi punast sibulat, peeneks hakitud
- 2 spl õunasiidri äädikat
- 2 supilusikatäit mett
- 1 tl riivitud ingverit
- 1/4 tl jahvatatud kaneeli
- Näputäis soola

JUHISED:
a) Sega kastrulis kuubikuteks lõigatud ananass, hakitud habanero pipar, hakitud punane sibul, õunaäädikas, mesi, riivitud ingver, jahvatatud kaneel ja näputäis soola.
b) Sega hästi kokku.
c) Kuumuta segu keskmisel kuumusel keema.
d) Alandage kuumust ja laske chutneyl aeg-ajalt segades umbes 15-20 minutit küpseda, kuni see pakseneb.
e) Eemaldage tulelt ja laske habanero ananassichutneyl enne serveerimist täielikult jahtuda.
f) Tõsta steriliseeritud purkidesse ja hoia külmkapis. See säilib mitu nädalat.

89. Habanero Cilantro laimi kaste

KOOSTISOSAD:
- 1/4 tassi värsket laimimahla
- 1/4 tassi oliiviõli
- 1 habanero pipar, seemnetest puhastatud ja peeneks hakitud
- 2 supilusikatäit hakitud värsket koriandrit
- 1 spl mett
- 1 küüslauguküüs, hakitud
- Sool ja pipar maitse järgi

JUHISED:
a) Vahusta väikeses kausis värske laimimahl, oliiviõli, hakitud habanero pipar, hakitud värske koriander, mesi, hakitud küüslauk, sool ja pipar, kuni need on hästi segunenud.
b) Maitsesta maitse järgi, lisa soovi korral veel soola või mett.
c) Kata habanero cilantro laimi kaste kaanega ja hoia enne serveerimist vähemalt 30 minutit külmkapis, et maitsed sulaksid.
d) Loksutage või vahustage kastet uuesti enne kasutamist, sest koostisosad võivad aja jooksul eralduda.

90. Habanero Mango Chutney

KOOSTISOSAD:
- 2 tassi tükeldatud mangot
- 1 habanero pipar, seemnetest puhastatud ja peeneks hakitud
- 1/4 tassi punast sibulat, peeneks hakitud
- 2 spl õunasiidri äädikat
- 2 spl pruuni suhkrut
- 1/2 tl jahvatatud köömneid
- Näputäis soola

JUHISED:
a) Sega potis kuubikuteks lõigatud mango, hakitud habanero pipar, hakitud punane sibul, õunaäädikas, pruun suhkur, jahvatatud köömned ja näpuotsaga soola.
b) Sega hästi kokku.
c) Kuumuta segu keskmisel kuumusel keema.
d) Alandage kuumust ja laske chutneyl aeg-ajalt segades umbes 15-20 minutit küpseda, kuni see pakseneb.
e) Eemaldage tulelt ja laske habanero mangochutneyl enne serveerimist täielikult jahtuda.
f) Tõsta steriliseeritud purkidesse ja hoia külmkapis. See säilib mitu nädalat.

JOOGID

91. Habanero Rum Toddies

KOOSTISOSAD:
- 2 kuni 3 untsi tavalist rummi
- 1 tl Habanero rummi
- ½ sidruni või laimi mahl
- 1 spl mett
- Keev vesi (maitse järgi)

Habanero rumm:
- Aseta kaks või kolm röstitud habanerot väikesesse purki ja kata rummiga.

JUHISED:
a) Sega kruusis või kuumakindlas tassis kokku kolm esimest koostisosa.
b) Valage keev vesi teistele koostisosadele ja segage, et mesi lahustuks.

92.Toblerone kuum šokolaad

KOOSTISOSAD:
- 3 Toblerone kolmnurkset varda
- ⅓ tassi magusat koort
- 1 Habaneros, peeneks hakitud

JUHISED
a) Soojenda madalal kuumusel koor ja sulata šokolaad.
b) Segage sageli, et vältida "kuumaid kohti".
c) Muutke kreemi kogust sõltuvalt soovitud paksusest jahtumisel.
d) Kui koor ja šokolaad on hästi segunenud, segage sisse habaneros.
e) Lase jahtuda ja serveeri õuna- või pirnilõikudega.

93. Habanero Mango Margarita

KOOSTISOSAD:
- 2 untsi tequilat
- 1 unts kolmiksekund
- 1 unts värsket laimimahla
- 1 unts mangomahla
- 1/2 habanero pipart, õhukeselt viilutatud
- Jääkuubikud
- Sool ääristamiseks (valikuline)
- Kaunistuseks laimiviilud

JUHISED:
a) Ääristage margaritaklaasi soolaga (valikuline), lükates selle serva ümber laimiviilu ja kastes see soola sisse.
b) Segage kokteilišeikeris õhukeseks viilutatud habanero pipar, et selle maitse vabastaks.
c) Lisa šeikerisse tekiila, triple sec, laimimahl, mangomahl ja peotäis jääkuubikuid.
d) Loksutage tugevalt, kuni see on hästi jahtunud.
e) Kurna segu ettevalmistatud jääkuubikutega täidetud margaritaklaasi.
f) Kaunista laimiviiluga.
g) Nautige oma vürtsikat ja puuviljast habanero mango margaritat!

94. Vürtsikas ananass Habanero Mojito

KOOSTISOSAD:
- 2 untsi valget rummi
- 1/2 habanero pipart, õhukeselt viilutatud
- 4-6 värsket piparmündilehte
- 1 unts värsket laimimahla
- 2 untsi ananassimahla
- 1/2 untsi lihtsat siirupit
- Klubi sooda
- Kaunistuseks ananassitükid ja piparmündioksad

JUHISED:
a) Sega klaasis õhukeseks viilutatud habanero pipar ja piparmündilehed, et nende maitsed vabaneksid.
b) Täida klaas jääkuubikutega.
c) Valage sisse valge rumm, värske laimimahl, ananassimahl ja lihtne siirup.
d) Sega hästi kokku.
e) Täiendage jooki klubisoodaga.
f) Kaunista ananassitükkide ja piparmündiokstega.
g) Serveeri oma vürtsikat ananassi habanero mojitot ja naudi värskendavaid, kuid tuliseid maitseid!

95.Habanero arbuusijahuti

KOOSTISOSAD:
- 2 tassi seemneteta arbuusi, kuubikuteks
- 1/2 habanero pipart, seemnetest puhastatud ja tükeldatud
- 1 spl mett
- 1 spl värsket laimimahla
- Jääkuubikud
- Vahuvesi või klubisooda
- Kaunistuseks arbuusiviilud ja laimiviilud

JUHISED:
a) Sega segistis kuubikuteks lõigatud arbuus, hakitud habanero pipar, mesi ja laimimahl.
b) Blenderda ühtlaseks.
c) Kurna segu viljaliha eemaldamiseks läbi peene sõela kannu.
d) Täida klaasid jääkuubikutega.
e) Kalla kurnatud arbuusisegu klaasidesse, täites need poolenisti.
f) Täitke vahuveega või soodaga.
g) Kaunista iga klaas arbuusiviilu ja laimiviiluga.
h) Enne serveerimist segage õrnalt.
i) Nautige oma värskendavat ja vürtsikat habanero arbuusijahutit!

96. Habanero limonaad

KOOSTISOSAD:
- 1 tass värsket sidrunimahla
- 4 tassi vett
- 1/2 tassi granuleeritud suhkrut
- 1 habanero pipar, poolitatud ja seemned eemaldatud
- Jääkuubikud
- Kaunistuseks sidruniviilud ja habanero viilud

JUHISED:
a) Sega väikeses kastrulis vesi, granuleeritud suhkur ja poolitatud habanero pipar.
b) Kuumuta keskmisel kuumusel aeg-ajalt segades, kuni suhkur on lahustunud.
c) Eemaldage kuumusest ja laske habanero-infundeeritud lihtsal siirupil toatemperatuurini jahtuda. Seejärel kurna ja visake habanero pipra pooled ära.
d) Segage kannus värske sidrunimahl, habanero-infundeeritud lihtne siirup ja külm vesi. Sega põhjalikult.
e) Täida klaasid jääkuubikutega.
f) Vala habanero limonaad jääkuubikutele.
g) Kaunista iga klaas sidruniviilu ja habanero viiluga.
h) Enne serveerimist segage õrnalt.
i) Nautige oma maitsvat ja vürtsikat habanero limonaadi!

97. Habanero Mango Mojito

KOOSTISOSAD:
- 2 untsi valget rummi
- 1/2 laimi, lõigatud viiludeks
- 6-8 värsket piparmündilehte
- 1 unts habanero mangopüree (vt retsepti allpool)
- 1 spl lihtsat siirupit
- Klubi sooda
- Jää

HABANERO MANGO PÜREE:
- 1 küps mango, kooritud ja kuubikuteks lõigatud
- 1 habanero pipar, seemnetest puhastatud ja tükeldatud
- 1 spl mett
- 1 laimi mahl

JUHISED:
a) Sega klaasis laimiviilud ja piparmündilehed kokku.
b) Lisa klaasi habanero mangopüree ja lihtne siirup.
c) Täida klaas jääga ja vala sisse valge rumm.
d) Täitke soodaga ja segage õrnalt.
e) Kaunista piparmündioksa ja laimiviiluga.
f) Serveeri ja naudi värskendavat habanero mango mojitot!

Habanero mangopüree:

g) Sega segistis kuubikuteks lõigatud mango, hakitud habanero pipar, mesi ja laimimahl.
h) Blenderda ühtlaseks. Reguleerige maitse järgi magusust või vürtsikust.
i) Soovi korral kurnake püree kiuliste tükkide eemaldamiseks.

98.Vürtsikas Habanero Michelada

KOOSTISOSAD:
- Tadžini maitseaine, klaasi ääristamiseks
- Jää
- 2 untsi tomatimahla
- 1 unts värsket laimimahla
- 1/2 untsi habanero kuuma kastet (kohanda maitse järgi)
- 1 tilk Worcestershire'i kastet
- 1 tilk sojakastet
- 1 pudel Mehhiko laagerõlut
- Kaunistuseks laimiviil ja habanero viil

JUHISED:
a) Kaunista klaas tadžini maitseainega, niisutades äärt laimiviiluga ja kastes see maitseaine sisse.
b) Täida klaas jääga.
c) Lisage klaasi tomatimahl, värske laimimahl, habanero kuum kaste, Worcestershire'i kaste ja sojakaste.
d) Valage peale Mehhiko laagerõlut ja segage õrnalt.
e) Kaunista laimiviilu ja habanero viiluga.
f) Nautige seda vürtsikat keerdkäiku klassikalisel Micheladal!

99. Küüslaugu-Habanero viin

KOOSTISOSAD:
- 1 habanero pipar
- 1 küüslaugu sibul, eraldatud ja kooritud
- 750-milliliitrine pudel viina

JUHISED:
a) Asetage küüslauk ja habanero pipar Masoni purki.
b) Täida purk viinaga. Sulgege ja loksutage korralikult.
c) Hauta 3 kuni 5 tundi.
d) Kurna viin läbi peene sõelaga sõela.

100.Vürtsikas ananassi ja rukola mocktail

KOOSTISOSAD:
- 4 väikest habanero tšillit
- 4 supilusikatäit mett
- 1 näputäis jahvatatud muskaatpähklit
- 1 kilo võilillelehti
- 1 nael rukola lehti
- 8 untsi ananassimahla

JUHISED:
a) Kuumuta potis habanero koos mee, muskaatpähkli ja 4 untsi veega, kuni segu muutub paksuks.
b) Segage habanero segu, võilillelehed, rukola, ananassimahl ja 4 untsi vett ühtlaseks massiks.
c) Kurna ja jahuta külmkapis.
d) Vala segu 4 klaasi ja serveeri kohe.

KOKKUVÕTE

Kui jõuame oma habanero-hõngulise teekonna lõppu, loodan, et see kokaraamat on inspireerinud teid omaks võtma maailma ühe armastatuima tšillipipra julgeid maitseid ja erutavat kuumust. Iga "ÜLIMAALNE HABANERO KOKARAAMAT" retsept annab tunnistust habanero paprika mitmekülgsusest ja erksusest alates särtsakatest eelroogadest kuni suussulavate pearoogade ja mõnusate magustoitudeni.

Kulinaarseid seiklusi jätkates ärge unustage katsetada, uurida ja ennekõike köögis lõbutseda. Olenemata sellest, kas korraldate vürtsikateemalist õhtusööki, avaldate muljet sõpradele ja perele oma äsja leitud kokandusoskustega või lihtsalt lubate end maitsva einega, olgu habanero tuline vaim alati teie kõrval, lisades põnevust ja soojust igale poole. teie loodud roog.

Aitäh, et liitusite minuga sellel maitsval teekonnal. Siin on palju rohkem vürtsikaid seiklusi köögis ja kaugemalgi. Kuni järgmise korrani, head toiduvalmistamist ja olgu teie toidud alati julged, maitsvad ja habanero paprika vastupandamatust kuumusest tulvil!

www.ingramcontent.com/pod-product-compliance
Lightning Source LLC
Chambersburg PA
CBHW070414120526
44590CB00014B/1400